COMER
Y VIVIR

CONSEJOS Y RECETAS **ANTI**
COLESTEROL

Mariona Gummà

ediciones
Lectio

Primera edición: febrero de 2017

© del texto: Mariona Gummà

© de la edición:
9 Grupo Editorial
Lectio Ediciones
C/ Muntaner, 200, ático 8ª – 08036 Barcelona
Tel. 977 60 25 91 – 93 363 08 23
lectio@lectio.es
www.lectio.es

Diseño y composición: Imatge-9, SL

Impresión: Romanyà-Valls, SA

ISBN: 978-84-16012-76-3

DL T 8-2017

1 CONCEPTOS
BÁSICOS

Lo vivimos diariamente. ¿Quién no tiene un familiar, un amigo o un conocido con problemas de colesterol? El colesterol es como una amenaza que nos rodea: se utiliza como reclamo de marketing en anuncios comerciales de productos alimentarios, es tema de conversación en ascensores y en cenas sociales, y llega una edad en la que comparamos nuestras cifras de colesterol en sangre con nuestros conocidos más cercanos. Sin embargo la mayoría desconocemos qué es y si es tan "malo" como dicen.

En este primer capítulo intentaremos esclarecer una serie de conceptos básicos para saber "quién es quién" y el papel que cada uno juega en esta "película".

▶ DEFINICIONES

La sola palabra ya nos da cierto miedo: colesterol. En nuestro mundo, tiene una connotación negativa. Pero pocos sabríamos explicar qué es el colesterol.

El **colesterol** es una molécula lipídica o grasa indispensable para la vida.

Resulta necesaria e indispensable para el cuerpo humano. Es fundamental para la síntesis de los ácidos y las sales biliares, así como de las hormonas llamadas esteroideas (hormonas sexuales, hormonas de la corteza suprarrenal, corticoides, mineralcorticoides y aldosterona). También forma parte fundamental de las membranas celulares y determina sus características y su función.

Por lo tanto, es una grasa que no es mala en sí misma. Aunque, como veremos más adelante, puede ser perjudicial si se encuentra en exceso.

▶ ¿QUÉ ES EL "COLESTEROL BUENO"
Y EL "COLESTEROL MALO"?

Para hacerlo todavía más complicado, oímos que no todo el colesterol es igual. Cuando nos hacemos un análisis de sangre, el médico nos explica que existen sobre todo dos tipos de colesterol: uno "bueno", que conviene tener alto, y uno "malo" o "peligroso", que es recomendable tener por debajo de unos límites y que define el "riesgo cardiovascular". ¿De qué hablamos cuando hablamos de "colesterol malo" y de "colesterol bueno"?

El colesterol es una molécula insoluble en agua, por lo que no puede circular libremente por el plasma. Circula en la sangre "montado" en unos "camiones" llamados *lipoproteínas*. Estas lipoproteínas son una combinación de proteínas, grasas y otros elementos que permiten la circulación de los lípidos por el torrente sanguíneo.

Dependiendo de su composición, las lipoproteínas reciben diferentes nombres y tienen diferentes características físicas y de comportamiento (tamaño, permeabilidad, etc.). Es decir, dependiendo de la forma del camión, éste tendrá una función y un recorrido diferente.

Las **HDL** (lipoproteínas de alta densidad) constituyen el llamado *colesterol bueno*. Son las encargadas de recoger el colesterol de la circulación y de los tejidos periféricos y transportarlo hacia el hígado, donde es transformado en ácidos biliares. Ejercen, por lo tanto, una función de "basurero". Sacan el colesterol de la circulación y evitan, de esta manera, que se acumule en la pared de las arterias y forme la temida placa de ateroma.

En el análisis de sangre se denomina **colesterol-HDL** y se recomienda que esté por encima de determinados valores (alto), ya que tiene un efecto "protector" frente a la arteriosclerosis: cuanto más colesterol tengamos en esos camiones, menor será el colesterol circulante y, por lo tanto, menor el riesgo de que se acumule en la pared de las arterias y forme la placa de ateroma.

Por el contrario, las **LDL** (lipoproteínas de baja densidad) son el llamado *colesterol malo*. Son los camiones encargados de "repartir" el colesterol por todo el cuerpo y, por consiguiente, favorecen que éste circule libremente, con mayores posibilidades de que se acumule y forme la placa de ateroma.

En la analítica sanguínea queda reflejado como **colesterol-LDL** y tenerlo alto aumenta el riesgo cardiovascular. Son las lipoproteínas más aterogénicas.

▶ **OTRAS SUSTANCIAS IMPORTANTES**
EN LAS LIPOPROTEÍNAS

Además del colesterol, las lipoproteínas tienen también otras sustancias en su composición que son muy importantes en su comportamiento a la hora de favorecer o no la formación de la placa de arteriosclerosis:

1. Las proteínas de membrana o apoproteínas.

2. Los antioxidantes, como la vitamina E, el betacaroteno, la vitamina A o la vitamina C, que protegen de la oxidación.

Las LDL son lipoproteínas que favorecen la formación de arteriosclerosis, pues ya hemos dicho que serían los "camiones repartidores". Pero la "calidad" de estas LDL influye mucho en su capacidad aterogénica. Si son LDL "fácilmente oxidables" favorecen la formación de la placa de ateroma. Los antioxidantes protegen a las lipoproteínas de la oxidación y, por lo tanto, hacen que sean menos "peligrosas". Cuantos más antioxidantes transporte este camión, menos peligroso será, ya que su carga de antioxidantes "neutralizará" la peligrosidad de su colesterol. Por lo tanto, una dieta rica en antioxidantes ayuda a que el riesgo de sufrir arteriosclerosis sea menor.

▶ ¿QUÉ SON LAS DISLIPEMIAS?

Las dislipemias o dislipoproteinemias son alteraciones del metabolismo de los lípidos o grasas y, por tanto, de las lipoproteínas.

Se definen como elevaciones de las concentraciones de colesterol y/o triglicéridos por encima de unos valores ideales. Estos valores de referencia representan un riesgo mínimo de enfermedad cardiovascular.

Se clasifican en diferentes tipos según la lipoproteína (camión) que se ve alterada.

Las más frecuentes son la tipo II, con aumento del colesterol, sobre todo del colesterol-LDL, y la tipo IV, con elevación de los triglicéridos o hipertrigliceridemia por aumento de las VLDL.

Existen otros tipos de lipoproteínas, de menor importancia en el origen de la arteriosclerosis, entre las que destacan:

• Los quilomicrones, particularmente ricos en triglicéridos (otro tipo de grasas diferentes del colesterol). Se forman en el intestino y son los encargados del transporte de estos triglicéridos a los tejidos.

• Las VLDL, ricas en triglicéridos de origen endógeno, es decir, fabricados por el organismo.

Sea cual sea el tipo de dislipemia, la estrategia de tratamiento es muy parecida y el objetivo de éste es conseguir unas cifras de lípidos en sangre lo más normales posibles para reducir y retrasar el riesgo de enfermedad cardiovascular.

La dieta es un pilar fundamental en el tratamiento de dichas dislipemias, aunque a veces no es suficiente y se requiere también un tratamiento farmacológico.

▶ ¿QUÉ ES LA HIPERCOLESTEROLEMIA?

Se define como un colesterol por encima de los valores normales en sangre.

Existen diferentes tipos de hipercolesterolemia. La más frecuente es la dislipemia tipo II, que puede presentarse en distintas formas:

– *Hipercolesterolemia familiar.* Existe un defecto en los receptores de las LDL, lo que provoca un aumento de las mismas en sangre y, por lo tanto, del colesterol total. Al ser de origen congénito, los síntomas de hipercolesterolemia y de enfermedad ateromatosa pueden presentarse en edades muy tempranas.

– *Hipercolesterolemia poligénica.* Los receptores de las LDL son normales pero existe un aumento de este tipo de lipoproteínas circulantes. Es la forma más frecuente.

– *Hiperlipidemia familiar combinada.* Se caracteriza por un aumento del colesterol y/o de los triglicéridos de tipo familiar y atribuible a un aumento de las lipoproteínas VLDL sintetizadas en el hígado.

Los niveles altos de colesterol en sangre son un factor de riesgo cardiovascular importante. Es decir, tal como hemos dicho antes, el colesterol no es "malo" o peligroso, lo peligroso para la salud es tener el colesterol más alto de lo "normal", tener un exceso de colesterol. Si este exceso de colesterol es a expensas del "colesterol malo" o colesterol-LDL, este riesgo es mucho mayor.

▶ ¿QUÉ ES LA HIPERTRIGLICERIDEMIA?

Se caracteriza por un aumento de los triglicéridos plasmáticos por encima de los valores normales.

Por sí misma no parece ser un factor de riesgo cardiovascular tan importante como el colesterol alto. Sin embargo, suele asociarse a otros factores de riesgo, como la obesidad, la diabetes y el colesterol-HDL disminuido, lo que hace recomendable su control.

▶ LOS DIFERENTES "TIPOS DE GRASA".
GRASAS TRANS O GRASAS HIDROGENADAS

Los estudios han puesto de manifiesto que la disminución de los niveles de colesterol en sangre reduce el riesgo de enfermedades cardiovasculares.

Se sabe que los hábitos dietéticos constituyen un elemento clave en el desarrollo de la arteriosclerosis. Y sabemos también que la grasa es el componente de la dieta que más influye en los niveles de colesterol y triglicéridos en sangre.

Lo que realmente influye en los niveles de colesterol en sangre no es tanto la cantidad de grasa de la dieta, sino el tipo de grasa que predomina en esta dieta.

Las grasas o ácidos grasos se dividen en dos tipos, **saturados** e **insaturados**, dependiendo de si tienen o no dobles enlaces en su molécula.

Los **ácidos grasos saturados** no poseen ningún doble enlace en su molécula y los **insaturados** sí: un doble enlace si son **ácidos grasos monoinsaturados**, dos o más dobles enlaces si son **poliinsaturados**.

La presencia o no de estos dobles enlaces hace que las grasas se comporten de una manera diferente y tengan diferentes funciones en el organismo. Los ácidos grasos o grasas saturadas aumentan el colesterol en sangre y, por lo tanto, aumentan el riesgo cardiovascular. En cambio, los ácidos grasos mono y poliinsaturados protegen de la arteriosclerosis, son cardioprotectores.

La situación en el espacio de estos dobles enlaces también condiciona el comportamiento de estos ácidos grasos. Según la posición (cis o trans) de estos dobles enlaces, la "forma" de estas moléculas es diferente y también cambia su función. Los dobles enlaces en posición cis provocan un "acodamiento" en la molécula, que pierde su lineabilidad y pasa a ser una molécula más "tridimensional", con una forma diferente (como si hiciéramos un acodamiento en una manguera y ésta pasara de ser recta a tener pliegues). La posición o configuración trans hace que este ácido graso tenga una forma más "recta", más lineal, y que se comporte como si fuera un ácido graso saturado, siendo factor de riesgo de enfermedad cardiovascular.

En la naturaleza, la mayoría de los ácidos grasos se encuentran en posición cis, pero algunas manipulaciones los transforman en trans, como por ejemplo durante el proceso de fabricación de las margarinas, lo que equipara sus cualidades a los ácidos grasos saturados. Es decir, estos ácidos grasos insaturados (cardiosaludables) se transforman en un tipo de grasa muy parecida a los ácidos grasos saturados (cardiotóxicos). Las fuentes alimentarias principales de ácidos grasos trans son las margarinas y los alimentos elaborados con **grasas hidrogenadas**: bollería, pastelería industrial, alimentos precocinados, chips, *snacks*, etc. En la etiqueta de estos productos solemos leer "grasas vegetales", que identificamos como grasas "buenas", pero estas grasas vegetales se comportan como grasas animales, es decir, "grasas malas".

2 ESTILO DE VIDA

El colesterol es el mal de nuestro tiempo y de nuestra sociedad: "El tercer mundo se muere de hambre; el primero, de colesterol".

Pero ya hemos aclarado, en el capítulo anterior, que el colesterol no es peligros en sí mismo. Cuando el colesterol en sangre está por encima de los valores considerados normales, tenemos un riesgo mayor de desarrollar arteriosclerosis, que aparece sobre todo en las arterias del corazón (arterias coronarias) y del cerebro y puede dar problemas como infartos de miocardio, anginas de pecho, ictus cerebrales o embolias cerebrales. Este tipo de enfermedades son las que llamamos *enfermedades cardiovasculares*.

En los países desarrollados, las enfermedades cardiovasculares son la principal causa de muerte y representan entre un 40% y un 50% de todas las muertes. Además, son causa de incapacidad importante, lo cual representa unos costes humanos y económicos muy elevados. Las enfermedades cerebrovasculares, como el ictus o la embolia cerebral, y las enfermedades de las arterias coronarias, como el infarto o la angina de pecho, forman parte de este conjunto de enfermedades.

El riesgo de padecer estas enfermedades empieza a ser importante a partir de los 35 años y va aumentando con la edad.

Desarrollar este tipo de enfermedades va muy ligado al estilo de vida, que determinará el desarrollo o no de la causa fundamental: la arteriosclerosis.

▶ ¿QUÉ ES LA ARTERIOSCLEROSIS?

A medida que envejecemos, nuestras arterias envejecen con nosotros. Las paredes de las arterias se hacen más gruesas y éstas se vuelven menos flexibles. Las arterias son las "cañerías" de nuestro cuerpo, las encargadas de llevar el oxigeno y el alimento a todas las células. Forman una red de carreteras perfecta y muy eficiente, con autopistas, autovías, carreteras secundarias y callejuelas. La causa más importante de este engrosamiento de las paredes de las arterias es la formación de una placa de ateroma y recibe el nombre de **arteriosclerosis** (también denominada *aterosclerosis*). Es decir, la lesión básica de la arteriosclerosis es la **placa de ateroma**.

Esta placa de ateroma es como una "costra" que se forma por el acúmulo de distintas sustancias en la pared de la arteria. Uno de estos elementos que van acumulándose es el colesterol.

Primero suele aparecer una pequeña lesión, una alteración en la pared del vaso sanguíneo llamada *endotelio*. Éste se abomba y se rompe. Sobre este punto se acumula tejido conjuntivo, plaquetas, macrófagos y células espumosas y colesterol y se forma la placa de ateroma. La placa de ateroma va creciendo, alterando las propiedades de la pared vascular y haciendo que la luz del vaso sea cada vez más estrecha y la sangre tenga mayores dificultades para circular. Como una carretera "en obras" en que las vallas, el asfalto, el cemento, los trabajadores, etc. van reduciendo la capacidad de circulación. Además, pueden aparecer otros procesos, como que la placa se rompa o que forme un trombo que tapone totalmente el paso de la sangre, lo que produce la consiguiente "muerte" del órgano o tejido afectado por isquemia (falta de irrigación). Es decir, la carretera se tapona del todo, la circulación se corta y se forma un atasco en el que es imposible avanzar.

La manifestación clínica variará según el tipo y el grado de afectación y el órgano o tejido afectado. Puede producirse un infarto agudo de miocardio o una angina de pecho si se trata de un taponamiento de las arterias del corazón, un accidente vascular cerebral o un ictus si se trata de una arteria del cerebro, etc.

▶ FACTORES DE RIESGO DE LA ARTERIOSCLEROSIS

Las causas de la formación de la arteriosclerosis son muchas y su importancia en la formación de la placa dependerá de cada persona.

Pero existen una serie de procesos y estilos de vida que pueden favorecer y acelerar la aparición de esta arteriosclerosis y aumentar su gravedad. Estos procesos son los que se conocen como *factores de riesgo cardiovascular*. Conocer estos factores de riesgo, que favorecen la aparición de la arteriosclerosis, permite saber más de la enfermedad y poder actuar previniéndola.

Cuantos más factores de riesgo posee una persona, más probabilidad tendrá de desarrollar una arteriosclerosis y de que ésta tenga mayores repercusiones sobre su vida y su salud. Es decir, cuantos más "números" o boletos posees, mayor es la probabilidad de que te toque la lotería. En este caso, el objetivo sería el contrario: cuantos menos factores de riesgo tiene una persona, menor es su probabilidad de padecer una arteriosclerosis.

Los principales factores de riesgo para la arteriosclerosis son:

1. El hábito de fumar.
2. El colesterol alto en sangre.
3. La hipertensión arterial.
4. El sedentarismo o la falta de ejercicio físico.
5. La obesidad.
6. La diabetes.
7. El fibrinógeno aumentado.
8. Los triglicéridos altos en sangre.
9. Los antecedentes familiares de enfermedad cardiovascular.
10. La hipertrofia ventricular izquierda.
11. El estrés.
12. La ingesta de alcohol.
13. La toma de anticonceptivos orales.

Los tres primeros factores son los más importantes, los que más influyen en la aparición de la arteriosclerosis. Es decir, una persona no fumadora, con valores normales de colesterol en sangre y con la tensión arterial normal o baja tiene menos probabilidades de desarrollar una arteriosclerosis.

El objetivo final del tratamiento del colesterol alto en sangre, y de las dislipemias en general, es la prevención de la arteriosclerosis y de las enfermedades cardiovasculares, y su tratamiento empieza por la dieta.

Siempre debemos tener en cuenta el resto de factores de riesgo y valorar y tratar el riesgo cardiovascular global. Es decir, mantener el colesterol bajo será mucho más importante en personas con más factores de riesgo de arteriosclerosis, por ejemplo, en fumadores hipertensos con sobrepeso que no hagan ejercicio físico.

▶ **EL COLESTEROL COMO FACTOR DE RIESGO CARDIOVASCULAR.** ¿POR QUÉ ES RECOMENDABLE TENER EL COLESTEROL BAJO?

Los estudios demuestran claramente la relación entre colesterol y arteriosclerosis y permiten afirmar que los niveles elevados de colesterol en sangre son un factor de riesgo importante para el desarrollo de arteriosclerosis y, por tanto, de enfermedad cardiovascular.

También influye mucho el "tipo" de colesterol que se encuentra alto. Cada día adquiere mayor importancia el valor de HDL-colesterol —o "colesterol bueno"— como un indicador distinto e independiente de riesgo cardiovascular. Es decir, que no solamente es un factor de riesgo tener el colesterol alto, sino que también lo es tener el colesterol-HDL o bueno bajo.

Sabemos que los valores de colesterol total dependen fundamentalmente de la dieta, sobre todo del tipo de grasas que tiene la dieta (su contenido en grasas saturadas, monoinsaturadas y poliinsaturadas) y de su contenido en colesterol.

Aunque la causa de colesterol alto en algunas personas se debe a un trastorno genético o a una alteración del metabolismo de los lípidos (factor endógeno), para la mayoría la dieta es determinante.

El LDL-colesterol o colesterol "malo" es el que forma las placas de ateroma. Por el contrario, el HDL-colesterol o colesterol "bueno" parece ser capaz de retirar directamente el colesterol de los depósitos grasos y dirigirlo al hígado para ser transformado y excretado como ácido biliar, lo que reduce el colesterol "circulante" y, por lo tanto, el riesgo de arteriosclerosis. Es decir, que niveles altos de colesterol-HDL protegen de la arteriosclerosis y, al contrario, niveles altos de colesterol-LDL aumentan el riesgo de sufrirla.

En resumen: para prevenir la arteriosclerosis y las enfermedades cardiovasculares conviene tener el colesterol total y el colesterol-LDL bajos y el colesterol-HDL alto.

El nivel de colesterol total y de colesterol-LDL está influido por diferentes factores: la dieta, la obesidad o sobrepeso, la edad, la genética y el sexo.

Los valores de HDL-colesterol están influidos por la dieta, la obesidad, el grado de ejercicio físico, el sexo y las hormonas sexuales y el consumo de tabaco y alcohol.

Existen diferencias en los niveles de colesterol total entre hombres y mujeres. A partir de los 20 años, en el sexo masculino, las cifras de colesterol en sangre tienden a subir hasta alcanzar un máximo hacia los 50 años, cuando suelen estabilizarse.

En cambio, en el sexo femenino, el colesterol se mantiene más estable hasta la menopausia, cuando suelen elevarse los niveles y se estabilizan alrededor de los 60 años. Además, las mujeres suelen tener unos valores más elevados de colesterol-HDL, ya que los estrógenos (las hormonas sexuales femeninas) aumentan estos niveles.

► ¿CÓMO INFLUYEN LAS GRASAS DE LA DIETA EN LA APARICIÓN DE LA ARTERIOSCLEROSIS?
PAPEL DE LAS GRASAS EN EL PERFIL LIPÍDICO

Hemos visto que los niveles de colesterol total y el "tipo" de colesterol influyen de manera importante en la formación de la arteriosclerosis.

Sabemos también que la alimentación, sobre todo las grasas de la dieta, influyen de manera muy importante en el nivel de grasas de la sangre.

Es más importante el tipo de grasas de la dieta que la cantidad en sí.

Los ácidos grasos saturados, presentes sobre todo en alimentos de origen animal como lácteos enteros, carne y derivados y aceites de coco, palma y palmiste, aumentan los niveles de colesterol en sangre y los niveles de colesterol-LDL. Estos niveles altos constituyen factores de riesgo cardiovascular y están relacionados con una mayor prevalencia de mortalidad por estas causas.

Los ácidos grasos monoinsaturados, representados sobre todo por el ácido oleico, se encuentran principalmente en el aceite de oliva y también en frutos secos, como avellanas y almendras, y frutas como las aceitunas o el aguacate. Reducen el colesterol-LDL y mantienen o aumentan el colesterol-HDL. Son, por lo tanto, cardiosaludables.

Los ácidos grasos poliinsaturados reducen los niveles de colesterol en sangre, son cardiosaludables. Distinguimos dos "familias" de ácidos grasos poliinsaturados:

- Los ácidos grasos **omega-3**, que se encuentran principalmente en el pescado, sobre todo el pescado azul o graso, y en el marisco, así como en las nueces. Estos ácidos grasos disminuyen los niveles de colesterol-LDL o colesterol "malo".
- Los ácidos grasos **omega-6**, presentes en aceites de semillas (girasol, maíz, etc.) y frutos secos. Éstos también reducen los niveles de colesterol "malo".

Por lo tanto, si queremos controlar los niveles de colesterol en sangre nuestra dieta debe ser rica en aceite de oliva, frutos secos, pescado y marisco y aceites de semilla y debemos limitar la ingesta de alimentos como lácteos enteros, carne y derivados y bollería y pastelería (ricos en aceite de coco y palma).

▶ PAPEL DE LAS GRASAS EN
LA AGREGACIÓN PLAQUETARIA

La placa de ateroma está formada por un acúmulo de plaquetas, colesterol "malo" y otras sustancias (macrófagos, células espumosas, etc.) que se "pegan" a la pared de la arteria.

El tipo de ácidos grasos de la dieta influye en la cantidad de colesterol-LDL en sangre, pero también influye en otros factores importantes, como la capacidad de oxidación de estas LDL o el proceso de la trombogénesis (formación de trombos), decisivos en la formación de la placa de ateroma. Es decir, las grasas de la dieta influyen también en la formación de la arteriosclerosis de otras maneras además de a través del colesterol.

Las prostaglandinas son moléculas, formadas a partir de ácidos grasos modificados, encargadas de regular o dirigir diferentes procesos metabólicos. Se producen en los tejidos, según demanda a medida que lo requieren las células de una determinada región. No pueden almacenarse.

Las plaquetas también desempeñan un papel muy importante en la producción de la placa de ateroma. Y su comportamiento está "regulado" por dos clases de prostaglandinas: las prostaciclinas y los tromboxanos.

La fabricación de prostaglandinas depende, principalmente, de dos factores:

1. La cantidad disponible del ácido graso poliinsaturado a partir del que se forman (ácido graso precursor), es decir, de la cantidad de "materia prima" para transformar en prostaglandina.
2. La activación del sistema enzimático responsable de la transformación de este ácido graso en prostaglandina.

Sabemos que las prostaglandinas tienen un papel diferente según el ácido graso del que proceden, es decir, según la "familia" a la que pertenecen.

El comportamiento de las plaquetas y su "relación" con la pared del vaso sanguíneo son importantes en la formación de la placa de ateroma. Las prostaglandinas son las moduladoras de esta relación y constituirían el "árbitro" de este "partido". Según la prostaglandina más abundante, tendrá lugar la formación de la placa de ateroma o no.

Hay un tipo de prostaglandina, llamada *tromboxano A2*, que hace que las plaquetas se "enganchen" entre ellas, es decir, que formen "agregados de plaquetas", y, por tanto, favorece la formación de placas de ateroma, ya que favorece la agregación plaquetaria.

A este efecto trombogénico del tromboxano A2 se opone otra prostaglandina, la prostaciclina o PGI2. Ésta es sintetizada por la pared del vaso sanguíneo y tiene una función antiagregante y vasodilatadora. Es decir, protegería de la formación de la placa de ateroma.

El tromboxano sería el "malo" de la película y la prostaciclina sería "el bueno". Si se altera el equilibrio y se produce una mayor cantidad de tromboxano o una menor cantidad de prostaciclina, existirá una mayor tendencia a la formación de trombos y a la formación de placas de ateroma.

La composición de la dieta, concretamente el tipo de ácidos grasos de la dieta, condiciona qué tipo de prostaglandina se produce en mayor o menor cantidad.

Los ácidos grasos saturados, las grasas animales, son la materia prima para la fabricación de tromboxanos, con lo que tienen un efecto proagregante, es decir, favorecen la formación de la placa de ateroma. En cambio, los ácidos grasos poliinsaturados, las grasas vegetales y de pescado, tienen acción antiagregante al potenciar la síntesis de prostaciclinas y protegen de la arteriosclerosis.

También se ha comprobado que las plaquetas que contienen más colesterol en su membrana son mucho más sensibles a este proceso trombogénico, con lo que el colesterol de la dieta también influye mediante este mecanismo.

En resumen, las **prostaciclinas** son sustancias (prostaglandinas) antiagregantes plaquetarias, es decir, que no propician la arteriosclerosis. En cambio, los **tromboxanos** tienen un papel proagregante, facilitan la agregación de las plaquetas y la formación de placas de ateroma.

La materia prima para la fabricación tanto de uno como de los otros son los ácidos grasos.

La dieta, con independencia de su intervención en los niveles de colesterol, participa también en el proceso de aterogénesis a través de su influencia en los procesos de agregación o antiagregación plaquetaria.

Los ácidos grasos saturados son la materia prima para la fabricación de tromboxanos, con lo que son proagregantes.

En cambio, los ácidos grasos poliinsaturados vegetales tienen acción antiagregante al potenciar la síntesis de prostaciclinas.

Los ácidos grasos omega-3, procedentes principalmente del aceite de pescado, promueven la formación de una prostaciclina particular, también con efecto antiagregante.

3 PAUTAS DE DIETA

Como decía Alfred Conde, el hombre es un milagro químico que sueña. Por eso, hablar de alimentación no es hablar únicamente de nutrientes o alimentos. La alimentación condiciona nuestro estado de salud y es importante comer sano. Y a medida que vamos adquiriendo sabiduría en lo que comemos, nos damos cuenta de que no sólo de pan vive el hombre y que la alimentación integra un abanico de connotaciones que debemos tener en cuenta.

▶ ¿EXISTE LA DIETA IDEAL PARA PREVENIR LAS ENFERMEDADES CARDIOVASCULARES?

Las enfermedades crónicas son responsables de más del 40% de las muertes en países desarrollados. Entre ellas se incluyen la enfermedad coronaria, la enfermedad cerebrovascular, la diabetes mellitus y el cáncer (sobre todo de pulmón, colonorectal, de mama y de estómago).

La prevención mediante un cambio en el estilo de vida es una de las medidas más importantes para combatir las enfermedades cardiovasculares. De entre estas medidas de prevención, la de fomentar una dieta saludable es primordial.

Pero ¿en qué consiste una dieta saludable? Continuamente oímos diferentes soluciones milagrosas para controlar el colesterol, la publicidad nos bombardea con bebidas, panes, margarinas y otros productos alimentarios "ideales" para el control del colesterol. Centenares de dietas diferentes surgen por Internet, en revistas, etc.

Paradójicamente, los últimos estudios (Predimed) indican claramente que la dieta mediterránea, la dieta que seguían nuestros abuelos, constituye la mejor opción para prevenir enfermedades cardiovasculares. Seguir una dieta tipo mediterráneo reduce mucho el riesgo de infarto, de ictus, etc.

Tradicionalmente se ha defendido una dieta baja en grasas totales como paradigma de dieta saludable. Sin embargo, no existe evidencia epidemiológica que permita recomendar la reducción de todas las grasas de la dieta de manera drástica. Al contrario, todas las evidencias llevan a que la dieta tipo mediterráneo, relativamente rica en grasas, aunque éstas son de origen vegetal, es el mejor modelo.

Incluso una dieta muy baja en grasas totales puede ser contraproducente. Si hay pocas grasas, la fuente principal de energía pasan a ser los hidratos de carbono. Estas dietas ricas en carbohidratos, y sobre todo ricas en azúcares de absorción rápida (muy "disponibles" en nuestro medio), conllevan un aumento del riesgo de desarrollo de resistencia a la insulina y de diabetes, factores también de riesgo cardiovascular. Es decir, que dietas muy pobres en grasas pueden favorecer la aparición de diabetes, que, sumada al colesterol alto, aumenta aún más el riesgo de enfermedad cardiovascular.

En las revisiones de artículos científicos más importantes sobre dieta y riesgo de enfermedades cardiovasculares destacan los patrones de dieta mediterránea como los que pueden aportar mayor protección frente a la cardiopatía isquémica y los accidentes vasculares cerebrales, por encima de una dieta baja en grasa.

Parece ser que los beneficios de la dieta mediterránea se basan sobre todo en dos aspectos fundamentales:

- Es una dieta rica en polifenoles, un amplio grupo de sustancias químicas con acción cardioprotectora muy destacada, presentes en la fruta (sobre todo naranjas y manzanas), el café, las verduras, el vino tinto, los cereales integrales, el aceite de oliva, los frutos secos y las semillas y las legumbres (todos alimentos típicos de la dieta mediterránea).
- La composición de las grasas típica de la dieta mediterránea. En ella predominan las grasas monoinsaturadas, del aceite de oliva y los frutos secos, y las grasas poliinsaturadas omega-3 del pescado azul y los frutos secos.

▶ Y ¿EN QUÉ CONSISTE LA DIETA MEDITERRÁNEA?

No podemos hablar de una dieta mediterránea única, ya que la dieta es diferente según la región mediterránea de que hablemos. No existe consenso exhaustivo sobre los componentes de la dieta mediterránea, pero sí podemos afirmar que es una dieta equilibrada, basada en distintos grupos de alimentos y con una serie de características comunes:

1. Un consumo importante de grasas, pero principalmente en forma de aceite de oliva, tanto para cocinar como para aderezar los platos.
2. Un elevado consumo de alimentos de origen vegetal y de cereales no refinados, fruta, verdura, legumbres y frutos secos.
3. Un consumo considerable de pescado.
4. Un consumo moderado de carne blanca (aves y conejo) y productos lácteos, principalmente en forma de yogurt y queso fresco.
5. Un bajo consumo de carne roja y productos derivados de la carne.
6. Tras el agua, el vino es la bebida mediterránea por excelencia y se toma principalmente en las comidas.

Diferentes estudios avalan que ingestas moderadas de alcohol (menos de 30 g al día) protegen contra la enfermedad cardiovascular, sobre todo si es en forma de vino tinto.

No debemos olvidar que la dieta mediterránea no consiste únicamente en un patrón alimentario, sino que incluye una "filosofía de vida". Implica una vida activa, una determinada manera de entender las relaciones sociales y unas costumbres y prácticas características muy relacionadas con el clima mediterráneo.

▶ INFLUENCIA DE LOS NUTRIENTES SOBRE LOS NIVELES DE COLESTEROL. ¿CÓMO INFLUYE EL COLESTEROL DE LA DIETA EN LOS NIVELES DE COLESTEROL EN SANGRE?

El organismo obtiene el colesterol por dos vías principales: los alimentos que ingerimos, es decir, la dieta, y la producción de colesterol del propio organismo (producción endógena), que tiene lugar sobre todo a nivel del hígado.

El colesterol de la dieta se encuentra sobre todo en alimentos grasos de origen animal y se asocia generalmente a grasas saturadas. Sobre todo en vísceras, embutidos, carnes rojas grasas, lácteos enteros, huevos y mariscos.

La cantidad de colesterol de la dieta influye sobre la concentración de colesterol en sangre. Sin embargo, la capacidad del intestino humano para absorber colesterol es limitada, por lo que el colesterol de la dieta influye menos en los niveles de colesterol en sangre que la cantidad y el tipo de grasas de la dieta.

El cuerpo humano sólo es capaz de absorber de un 40% a un 50% del colesterol de la dieta. Este porcentaje variará dependiendo de diferentes factores:

1. El contenido total de colesterol de la ingesta: cuanto más colesterol contiene la dieta, menor es el porcentaje de éste que puede absorberse.

2. El tipo de grasas o ácidos grasos que contiene la ingesta. Si el colesterol está acompañado por ácidos grasos saturados en la misma ingesta, se absorbe más fácilmente. En cambio, si hay mayor cantidad de ácidos grasos insaturados en la ingesta, la velocidad de absorción del colesterol de la dieta disminuye.

3. La cantidad de fibra de la dieta. A mayor cantidad de fibra, mayor dificultad para absorber el colesterol. La fibra soluble, muy abundante en legumbres, algunas verduras como la berenjena y frutas como las manzanas o los cítricos, es la más activa en este sentido.

4. Los esteroles vegetales, contenidos en muchos alimentos de origen vegetal, "molestan o estorban" a la hora de absorber el colesterol de la dieta y disminuyen su aprovechamiento. La presencia de esteroles vegetales o marinos, que compiten con el colesterol en su absorción intestinal, dificultan esta absorción.

5. Además, existe también una susceptibilidad individual en cuanto a la facilidad de absorción del colesterol dietético, que divide a los individuos en personas que responden a la dieta baja en colesterol y personas que no responden a la dieta baja en colesterol.

Los estudios indican que existe un "techo de colesterol dietético" por encima del cual los niveles de colesterol plasmático no aumentan, por mucho que se aumente el colesterol de la dieta. La ingesta de colesterol no debe superar los 300-500 mg/día.

Especial es el caso del marisco, que, aunque es rico en colesterol, contiene esteroles marinos que disminuyen la absorción de éste. Los mariscos más ricos en colesterol son las gambas y los calamares. Los mejillones son los que contienen menor cantidad de colesterol. De todas maneras, aun los mariscos con mayor contenido en colesterol no son alimentos hipercolesterolemiantes, por su nulo contenido en grasa saturada.

Hay que destacar el alto porcentaje de colesterol encontrado en algunos productos de bollería industrial consumidos habitualmente, sobre todo por la población infantil, que además son ricos en grasas saturadas y grasas trans.

▶ ¿CÓMO INFLUYEN LAS GRASAS DE LA DIETA EN LOS NIVELES DE COLESTEROL?

Así pues, en caso de colesterol alto, la dieta deberá tener en cuenta otros factores además del contenido de colesterol de los distintos alimentos. Uno de los más importantes es el tipo de grasa que contiene esta dieta.

Una dieta rica en grasas o ácidos grasos saturados (carne y embutidos grasos, bollería y pastelería, lácteos enteros) eleva el nivel de colesterol en sangre, mientras que una dieta que contenga grasas o ácidos grasos poliinsaturados (pescado, frutos secos, aceites vegetales) disminuye dicho nivel. Las grasas o los ácidos grasos monoinsaturados (ácido oleico del aceite de oliva principalmente) disminuyen los niveles de colesterol total y elevan el nivel de HDL-colesterol.

Además, como hemos visto en el capítulo anterior, el papel de los ácidos grasos en el riesgo de arteriosclerosis se complica debido a que influyen también en otros aspectos de la formación de la placa de ateroma, principalmente a través de su influencia en el tipo de prostaglandinas que se producen.

▶ ¿CÓMO INFLUYEN LOS ANTIOXIDANTES DE LA DIETA EN LA PREVENCIÓN DE LA ENFERMEDAD CARDIOVASCULAR?

Se ha demostrado que, independientemente del nivel de colesterol-LDL en sangre, la facilidad que tengan estas LDL para oxidarse representa también un factor de riesgo cardiovascular, ya que estas LDL oxidadas son más aterogénicas.

Por lo tanto, es fundamental aumentar la cantidad de antioxidantes de la dieta. Estos antioxidantes protegen las LDL de la oxidación y reducen el riesgo de enfermedad cardiovascular.

Además, la mayor cantidad de ácidos grasos poliinsaturados en la dieta reduce los niveles de colesterol plasmático pero favorece la formación de unas LDL que se oxidan más fácilmente.

Los antioxidantes de la alimentación más destacables son:

- La **vitamina E**, en frutos secos y aceites vegetales.
- Los **carotenos**, en tomate, zanahorias, pimientos, verduras de hoja verde, etc.
- La **vitamina C**, en cítricos, tomate, frutas tropicales, pimiento, etc.

- Los **flavonoides**, también con potente acción antioxidante, en vegetales y hortalizas, frutas, frutos secos y semillas, vino, aceite de oliva virgen, nueces, té verde, cebollas, soja, ajo, perejil, etc.

► EN RESUMEN, ¿CÓMO DEBE SER LA DIETA SI TENEMOS EL COLESTEROL ALTO?

En términos generales, la dieta para personas con el colesterol alto debe ser equilibrada, variada y saludable:

1. Baja en grasas totales (no deberían superar el 30%-35% del contenido calórico total).
2. Baja en grasas saturadas y grasas trans (grasas animales, pastelería y bollería, alimentos precocinados y *snacks*) y rica en grasas monoinsaturadas (aceite de oliva) y poliinsaturadas (pescado, frutos secos).
3. Baja en alimentos ricos en colesterol.
4. Los alimentos fuente de hidratos de carbono deben ser ricos en glúcidos complejos o féculas (legumbres, cereales integrales) y limitados o bajos en azúcares simples.
5. Rica en antioxidantes (verduras, frutas).
6. Moderada en contenido de alcohol.
7. Con aporte energético adecuado para mantener el peso corporal dentro de los límites de peso normal.

► ALIMENTOS ACONSEJADOS Y DESACONSEJADOS

Según el **Comité de Expertos de la OMS para la Prevención de la Cardiopatía Coronaria** dividiremos los alimentos en dos grupos: aconsejados y desaconsejados.

ALIMENTOS ACONSEJADOS

- Alimentos de origen vegetal adecuadamente combinados: legumbres, cereales integrales, hortalizas y frutas.
  - Son alimentos pobres en grasas totales, pobres en grasas saturadas, sin colesterol, bajos en sodio y bajos en azúcar refinado. Y son ricos en hidratos de carbono complejos, minerales, vitaminas y fibras.

- Pescado, aves y carnes magras.
- Productos lácteos pobres en grasa.
- Preparaciones alimentarias con menos grasa y con aceites vegetales como grasa de adición preferente.

ALIMENTOS DESACONSEJADOS

- Carnes grasas como principal fuente de proteínas.
    - Son ricas en grasas saturadas y colesterol.
- Productos lácteos ricos en grasa: leche completa, crema de leche, quesos grasos.
- Huevos completos.
- Productos preparados comercialmente.
- Bebidas alcohólicas en general.

La **Sociedad Española de Arteriosclerosis** también publicó unas recomendaciones para la prevención de la arteriosclerosis que coinciden bastante con los parámetros de dieta mediterránea tradicional.

ALIMENTOS ACONSEJADOS

- Cereales preferentemente integrales, arroz, pastas italianas, pan, maíz, etc.
- Todas las legumbres (especialmente recomendadas).
- Frutas y verduras en general (con alguna excepción).
- Leche y yogures desnatados.
- Clara de huevo.
- Pescado blanco y azul.
- Aceite de oliva, sobre todo, y aceite de girasol, maíz o pepita de uva.
- Mermeladas y repostería casera preparada con leche desnatada y sin yema de huevo.

ALIMENTOS ACONSEJADOS CON MODERACIÓN

- Pastas al huevo.
- Aceitunas y aguacates.
- Frutos secos: nueces, almendras, avellanas.
- Huevo entero.
- Quesos frescos, requesón.
- Mariscos.
- Ternera, buey y cerdo magros.

- Carne blanca: pollo, pavo, conejo, caza menor, también magros y sin piel.
- Embutidos tipo jamón de York, jamón serrano, lomo embuchado.
- Miel o fruta en almíbar y refrescos azucarados.

ALIMENTOS DESACONSEJADOS

- Bollería y pastelería.
- *Snacks*: patatas chips, etc.
- Coco.
- Leche entera, nata, crema de leche, quesos duros y cremosos, postres lácteos.
- Huevas de pescado, mojama.
- Embutidos grasos, salchichas, *frankfurts*.
- Carne de pato o ganso.
- Manteca de cerdo, mantequilla.
- Vísceras.
- Alimentos precocinados en general.

Sería recomendable potenciar la producción de alimentos más cardiosaludables y el desarrollo de una normativa clara entorno al etiquetaje, la rotulación y la publicidad de los productos alimenticios que permita al usuario la oportunidad de comprender su composición y contenido.

▶ DIETA ACONSEJADA, LA DIETA MEDITERRÁNEA

En definitiva, y sobre todo en nuestro país, la dieta más recomendable para la reducción del riesgo cardiovascular y para el control de los niveles de colesterol en sangre es la dieta mediterránea.

Se han realizado numerosos ensayos clínicos que han observado que un patrón de dieta mediterránea y sus principales alimentos reducen la presión arterial, mejoran el perfil lipídico y mejoran la función endotelial. En numerosos estudios se ha observado que aquellos sujetos que presentan una mayor adherencia al patrón de dieta mediterránea tradicional presentan una menor concentración de marcadores inflamatorios relacionados con la arteriosclerosis.

Por lo tanto, y como ya hemos apuntado antes, es aconsejable seguir una dieta basada en:

- El **aceite de oliva**. Es el denominador común de la dieta mediterránea. Constituye una fuente rica en grasa monoinsaturada, que protege de las afecciones cardíacas. También es una fuente de antioxidantes, como la vitamina E, sobre todo si es un aceite virgen. Se recomienda tanto para la elaboración de platos como para aliñar.
- Los **alimentos vegetales, como frutas, verduras, cereales integrales y legumbres,** principalmente por su alto contenido en antioxidantes y fibra.
- El **pescado**, en particular el pescado azul, especialmente saludable. Este tipo de pescado es una fuente de grasas omega-3, beneficiosas para la salud del corazón.
- El **vino, tomado con moderación**, es también básico en la dieta mediterránea. El tinto contiene polifenoles, que son poderosos antioxidantes beneficiosos para la salud del corazón. Dos vasos diarios en el caso de los hombres y uno en el de las mujeres son las cantidades que se consideran moderadas.
- Los **frutos secos**. Contienen muchas proteínas, fibra vegetal y vitamina E, con efecto antioxidante. Aportan grasas insaturadas que ayudan a controlar los niveles de colesterol en sangre.
- La **harina**. Se utiliza en la preparación del **pan**, alimento básico de consumo en la dieta mediterránea. También se usa en la elaboración de **pastas italianas, cuscús**, etc.
- Los **productos lácteos desnatados**. Son excelentes fuentes de proteínas de alto valor biológico, de minerales (calcio, fósforo, potasio) y de vitaminas (vitamina A, vitamina D, riboflavina, ácido fólico y vitamina B12). En la dieta mediterránea se consume, sobre todo, en forma de yogur, que proporciona microorganismos vivos capaces de mejorar el equilibrio de la flora intestinal, y de queso. Es recomendable consumir los lácteos desnatados, ya que la grasa que contienen es mayoritariamente saturada.

4 DECÁLOGO

Diez puntos clave para seguir una dieta adecuada si tengo el colesterol alto:

1. *Reducir el consumo de grasas animales*
- Carnes ricas en grasa: costillas de cordero y cerdo, embutidos, butifarra, vísceras, etc.
- Eliminar la grasa visible de la carne y la piel de pollo, pavo y conejo antes de cocinarla.
- Desgrasar los caldos de carne y pollo después de su elaboración.
- Limitar las yemas de huevo a 2-3 a la semana.
- Consumir los lácteos desnatados y los quesos bajos en grasa.
- Evitar la mantequilla, la manteca, la margarina.

2. *Evitar la bollería y la pastelería*, que se elaboran con grasas saturadas o grasas trans
- Ensaimadas, cruasanes, churros, bollos, magdalenas, pastelitos industriales y pasteles.
- Galletas y pan de molde.
- Helados cremosos.

3. *Evitar los platos precocinados*, los platos deshidratados como sopas de sobre, purés, etc., los aperitivos grasos como chips, *snacks*, galletitas saladas, etc., o los fritos no caseros. Es importante leer las etiquetas de los productos comerciales para evitar las "grasas escondidas". Debemos tener en cuenta que los productos que especifican "grasas vegetales" en general suelen contener aceite de coco y de palma y que los productos etiquetados como "sin colesterol" pueden ser ricos en grasas saturadas.

4. *Utilizar preferiblemente el aceite de oliva virgen* para cocinar y como grasa de adición. Fomentar la ingesta de ácidos grasos monoinsaturados, sobre todo el ácido oleico presente en el aceite de oliva, ya que actúan disminuyendo el colesterol a expensas del colesterol "malo".

5. *Utilizar formas de cocción que requieran poco aceite* (plancha, vapor, grill, horno, vapor, papillote, estofados y guisos poco grasos) y, en caso de freír, seguir las pautas para que la absorción de grasa sea mínima: cantidad suficiente, temperatura suficiente, pocas reutilizaciones y secar con papel absorbente una vez frito.

6. *Aumentar el consumo de fibra*: verduras y hortalizas, legumbres, cereales integrales, fruta fresca y frutos secos. Las recomendaciones de dieta equilibrada incluyen dos raciones de verdura al día y tres raciones de fruta diarias, 3-4 veces a la semana legumbres y frutos secos 2 veces por semana.

7. *Potenciar el consumo de pescado*, sobre todo pescado azul. Se aconseja 2-3 veces a la semana. El marisco puede tomarse pero con moderación.

8. *Son recomendables los esteroles vegetales* presentes en verduras y hortalizas, legumbres y alimentos funcionales enriquecidos (hasta un máximo de 2 g al día), ya que disminuyen los niveles de colesterol "malo" en sangre.

9. *Es fundamental evitar el exceso de peso.* La obesidad, sobre todo si es una obesidad abdominal o central, es un factor de riesgo cardiovascular importante. Además, la mayoría de las veces se asocia con otros factores de riesgo, como la diabetes, la hipertensión o el sedentarismo. La pérdida de peso favorece la disminución de los niveles sanguíneos de colesterol y triglicéridos y el aumento de colesterol-HDL, sobre todo si se asocia a ejercicio físico. Es importante también fraccionar las ingestas, ya que se ha visto relación positiva con la disminución de los niveles de lípidos plasmáticos.

10. *El papel del alcohol es controvertido.* Por un lado, parece ser que un consumo moderado y regular aumenta el "colesterol bueno" o HDL. Por otra parte, tiene efectos indeseables: puede aumentar los triglicéridos, es una fuente de "calorías vacías" que puede contribuir al exceso de peso, tiene efecto hepatotóxico, puede lesionar el miocardio e incrementa el riego de hipertensión arterial. Parece ser que el más recomendable es el vino tinto, rico en antioxidantes, que podría tener un efecto protector frente a la oxidación de las lipoproteínas y, por lo tanto, protector frente a la arteriosclerosis. Existe consenso que no debería sobrepasarse el consumo diario de dos copas de vino en el hombre y uno en la mujer (siempre individualizando).

5 RECETAS **PARA *TUPPER***

Recetas apetitosas, completas y sencillas para personas que se llevan la comida al trabajo.

ENSALADA DE ALCACHOFAS CON LENTEJAS

INGREDIENTES

8 corazones de alcachofas

400 g de lentejas cocidas

1 limón

3 cebollas tiernas

300 g de atún en conserva al natural

3 cucharadas de aceite de oliva

Sal

Pimienta negra

ELABORACIÓN

• Hervimos los corazones de alcachofa sin tapar y los partimos en cuartos.

• Mezclamos las lentejas y los corazones de alcachofa y añadimos el zumo de un limón y la raspadura de la piel de limón.

• Lo tapamos y lo dejamos enfriar.

• Añadimos la cebolla tierna cortada pequeña y el atún en conserva desmenuzado.

• Lo salpimentamos con el aceite, la sal y la pimienta negra.

IDEAS PRÁCTICAS

* Es recomendable preparar la vinagreta y conservarla en un recipiente aparte para aliñarlo justo antes de consumir.

* Las lentejas pueden sustituirse por otras legumbres, como garbanzos, judías secas o habas tiernas.
* Podemos añadir brotes de soja y enriquecer el plato con isoflavonas.

SABER MÁS

Lo más destacable de la composición de la alcachofa son una serie de sustancias que no son muy abundantes pero sí destacan por sus notables efectos fisiológicos: la cinarina, que se conoce por su efecto colerético y diurético; la cinaropicrina, con un papel preventivo en enfermedades tumorales; el ácido clorogénico, compuesto fenólico con capacidad antioxidante; los esteroles, sustancias vegetales con semejanza química al colesterol animal con capacidad para limitar la absorción del colesterol en el intestino; el cinarósido, flavonoide de acción antiinflamatoria, y ácidos orgánicos entre los que se encuentran el málico y el cítrico, que potencian la acción de la cinarina y del cinarósido, entre otras muchas funciones.

Las lentejas son legumbres ricas en fibras solubles que disminuyen el colesterol total y LDL en sangre.

El atún es un pescado rico en ácidos grasos omega-3, muy recomendables para personas con el colesterol alto.

PASTEL DE CALABACÍN

INGREDIENTES

3 calabacines

2 cebollas medianas

3 zanahorias

1 huevo entero y una clara de huevo

3 quesitos desnatados

Perejil

Sal

Pimienta

Aceite de oliva

Para la bechamel

1/2 l de leche desnatada

3 cucharadas de harina de trigo

2 cucharadas de harina de avena

Nuez moscada

1 cucharada de aceite de oliva

ELABORACIÓN

• Cortamos la cebolla pequeña y rallamos las zanahorias.

• Lo pochamos con un poco de aceite de oliva en una sartén.

• Cortamos los calabacines a rodajas y los añadimos a la mezcla anterior cuando la cebolla esté un poco tostada. Lo dejamos cocer unos 15 minutos más.

• Separamos unas rodajas de calabacín y las colocamos en la base del molde en forma de corona.

• Trituramos las verduras junto con los quesitos desnatados, el huevo y la clara, el perejil y un poco de pimienta.

• Preparamos una salsa bechamel con los ingredientes indicados y la añadimos a la mezcla.

• Rellenamos el molde (preferiblemente en forma de corona) con la mezcla anterior.

- Lo cocemos al baño María unos 45 minutos.
- Lo desmoldamos y lo servimos caliente.

IDEAS PRÁCTICAS

* Aligeramos la receta en grasas saturadas sustituyendo la leche entera por leche desnatada.
* Disminuimos los huevos a uno entero y una clara (que no contiene colesterol ni grasas).
* El queso graso es sustituido por quesitos desnatados.
* Además, una parte de la harina de trigo de la bechamel la sustituimos por harina de avena.

SABER MÁS

♥ La avena contiene fibra, avenasterol y otros fitosteroles con ventajas importantes a la hora de disminuir el colesterol sanguíneo.
♥ El calabacín, la cebolla y la zanahoria enriquecen el plato en fibra y antioxidantes. La zanahoria es especialmente rica en carotenos y vitamina C y la cebolla contiene quercetina, todos con acción antiradicales libres.

TORTILLA DE PATATA Y CEBOLLA

INGREDIENTES

4 patatas

2 cebollas

3 huevos enteros

5 claras de huevo

Aceite de oliva

ELABORACIÓN

- Pelamos las patatas y las cortamos a láminas.
- Pelamos la cebolla y la cortamos pequeña.
- Horneamos las patatas y la cebolla aliñadas con un poco de aceite de oliva y sal, a 180 ºC, durante unos 25 minutos, hasta que queden doraditas.
- Batimos 3 huevos enteros y 5 claras.
- En una fuente redonda antiadherente, ponemos un poco de aceite de oliva, las patatas y la cebolla y los huevos batidos.
- Lo horneamos a 180 ºC unos 5 minutos, hasta que cuaje el huevo.

IDEAS PRÁCTICAS

* Adaptación de una receta de toda la vida para disminuir su aporte de grasas y colesterol: utilizar siempre aceite de oliva y el mínimo posible, cocer las patatas en lugar de freírlas, con lo que su contenido graso disminuye mucho, y reducir la cantidad de yemas de la tortilla.
* El proceso se podría hacer igual en el microondas en lugar del horno convencional, acortando los tiempos de cocción.
* Podemos añadir un poco de leche desnatada a los huevos batidos para "alargar" y ganar en esponjosidad.

SABER MÁS

Además, en contra de la creencia popular de que el huevo es muy "malo" para el colesterol, debemos saber que en el control de la hipercolesterolemia vinculada al consumo de alimentos hay factores más importantes que la cantidad de colesterol, como la proporción existente entre ácidos grasos saturados y trans (los menos saludables) y los poliinsaturados (saludables). Y resulta que este perfil de la grasa es saludable en el huevo. Además, el huevo aporta lecitina, que ayuda a mantener en suspensión el colesterol en sangre, impidiendo que se deposite en la pared de las arterias. Por lo tanto, un consumo moderado de huevos está permitido.

CAZUELA DE CABRACHO CON PATATAS

INGREDIENTES

800 g de cabracho

4 patatas

1 cebolla

1 tomate maduro

2 calabacines

2 dientes de ajo

2 pimientos choriceros

50 g de almendras tostadas

1/2 l de caldo de pescado

Aceite de oliva

Sal

ELABORACIÓN

- Sofreímos la cebolla picada y el tomate rallado con un poco de aceite de oliva.
- Añadimos las patatas peladas y cortadas a dados.
- Aparte, sofreímos los dientes de ajo con aceite de oliva, añadimos la carne de los pimientos choriceros, un poco de caldo de pescado y las almendras tostadas y lo batimos.
- Añadimos esta picada a las patatas.
- Añadimos los filetes de cabracho, el calabacín cortado a dados y el resto del caldo de pescado.
- Lo cocemos unos 10 minutos todo junto.

IDEAS PRÁCTICAS

* Un magnífico plato único que incluye fécula, alimento proteico y verduras.
* Las patatas pueden sustituirse por arroz integral o pasta.

SABER MÁS

- El cabracho es un pescado semigraso. Su carne contiene menos de 4 gramos de grasa por 100 gramos de porción comestible y se trata de grasas ricas en ácidos grasos omega-3. Está considerado como una buena fuente de proteínas de alto valor biológico. Destaca su contenido en vitamina B12 y posee cantidades discretas de vitaminas A y D.

- Las verduras aportan fibra y antioxidantes al plato, entre los que destacan el licopeno del tomate, la quercetina de la cebolla y la capsantina del pimiento.

- Las almendras de la picada enriquecen la receta con ácidos grasos insaturados, fibra, fitosteroles, polifenoles y tocoferoles.

RODABALLO CON GARBANZOS

INGREDIENTES

4 filetes de rodaballo de unos 150 g cada uno

300 g de setas variadas

4 alcachofas

350 g de garbanzos cocidos

Aceite de oliva

Sal

ELABORACIÓN

- Limpiamos las setas y las salteamos con un poco de aceite de oliva.
- Pelamos las alcachofas y las cortamos a láminas muy finas. Las colocamos en una fuente de horno con aceite y sal y las cocemos a horno fuerte hasta que queden bien tostadas, tipo chips.
- Marcamos los filetes de rodaballo en la plancha y los cocemos al horno con las setas durante 10 minutos.
- Añadimos los garbanzos cocidos y las chips de alcachofa.

IDEAS PRÁCTICAS

* Las chips de alcachofa son sabrosas y sanas, ya que contienen menos grasa que fritas. Tienen el inconveniente que deben elaborarse en el último momento para conservar mejor sus características y que deben hacerse con alcachofas frescas.

* Podemos sustituir las chips de alcachofa por láminas de calabaza cocidas al horno, con el mismo procedimiento.

SABER MÁS

♀ El rodaballo es un pescado semigraso que por su textura, sabor y fácil digestión encaja en la dieta de las personas con colesterol. Sus grasas, como las de todos los pescados, son ricas en ácidos grasos insaturados. Tiene un contenido intermedio de proteínas de alto valor biológico.

♀ Las alcachofas contienen esteroles, que dificultan la absorción de colesterol de la dieta.

♀ Los garbanzos, además de aportar hidratos de carbono de bajo índice glucémico, reducen el colesterol sanguíneo.

ENSALADA DE JUDÍAS Y BACALAO

INGREDIENTES

300 g de morro de bacalao

2 cebollas tiernas

2 tomates maduros

50 g de aceitunas negras

200 g de judías secas hervidas

Aceite

Vinagre

Sal

ELABORACIÓN

- Troceamos el bacalao remojado, sacando piel y espinas.
- Lo mezclamos con las judías secas cocidas, la cebolla tierna troceada pequeña y las aceitunas negras troceadas.
- Rallamos los tomates.
- Lo aliñamos con los tomates rallados, aceite de oliva y sal.

IDEAS PRÁCTICAS

* Existe la opción de preparar el aliño aparte y aliñar antes del consumo. Las judías y el bacalao no estarán tan macerados.

* Las judías pueden sustituirse por otras legumbres y el bacalao por otro pescado, incluso atún en conserva.

SABER MÁS

⚲ El bacalao es un pescado magro, con poco contenido graso, pero las grasas que tiene son grasas insaturadas, con efecto reductor del riesgo cardiovascular.

⚲ Las judías secas son legumbres ricas en fibra y sustancias fitoquímicas muy recomendables para reducir el colesterol plasmático.

⚲ Los tomates y la cebolla tierna aportan antioxidantes que protegen de los radicales libres, además de fibra.

⚲ Las aceitunas son fuente de tocoferoles, carotenos y polifenoles antioxidantes, aportan vitamina E y son ricas en ácido oleico, que disminuye el colesterol-LDL.

TOMATES RELLENOS

INGREDIENTES

200 g de bacalao crudo desalado

2 dientes de ajo

2 dl de aceite de oliva virgen extra

1 vaso de leche desnatada

4 tomates grandes

200 g de arroz integral cocido

ELABORACIÓN

- Pelamos los dientes de ajo y los cortamos a láminas.
- Los ponemos en un cazo con un poco de aceite de oliva a fuego lento para que se vayan confitando.
- Cuando los ajos estén medio cocidos, incorporamos el bacalao a trocitos y lo dejamos cocer un par de minutos mientras removemos.
- Lo retiramos del fuego y lo trituramos.
- Vamos incorporando el aceite de oliva sin dejar de batir hasta que ligue la salsa.
- Incorporamos la leche desnatada con el mismo sistema.
- Lo salamos si es necesario.
- Partimos los tomates por la mitad y vaciamos un poco el contenido.
- Mezclamos la pasta de bacalao con el arroz integral cocido.
- Rellenamos los tomates con la mezcla.

IDEAS PRÁCTICAS

* Aligeramos la pasta de bacalao y minimizamos su contenido en grasas saturadas al utilizar aceite de oliva y leche desnatada.

* Un plato con ingredientes típicamente mediterráneos y una presentación actual y sabrosa.

* Podemos variar los ingredientes del relleno y aportar nuevas características nutricionales al plato: atún en conserva, verduras variadas, etc.

SABER MÁS

◊ El arroz integral proporciona hidratos de carbono de índice glucémico bajo y es rico en fibra, con efecto de disminución de las concentraciones de colesterol total y colesterol-LDL en sangre, por lo que ejerce un papel protector frente a las enfermedades cardiovasculares.

◊ El tomate es rico en vitaminas C y E y la presencia de carotenos y licopeno lo convierten en una importante fuente de antioxidantes, sustancias con función protectora de nuestro organismo.

◊ El bacalao es un pescado pobre en grasas, pero las grasas que contiene son cardiosaludables.

PASTEL DE SALMÓN

INGREDIENTES

200 g salmón ahumado

Pan de molde sin costra

4 varitas de surimi

125 g de atún en aceite de oliva

100 g de gambitas peladas cocidas

100 g de setas variadas

1 aguacate maduro

Perejil

Ajo

ELABORACIÓN

- Salteamos las setas con ajo y perejil y las reservamos.
- Trituramos la pulpa del aguacate hasta hacer una pasta.
- Untamos las rebanadas de pan de molde con la pasta de aguacate.
- Cortamos las varitas de surimi.
- Mezclamos el surimi, el atún, las gambitas y las setas.
- Montamos el pastel formando capas de pan de molde con la mezcla.
- Cubrimos el pastel con el resto de pasta de aguacate y lo forramos con el salmón ahumado.
- Lo dejamos reposar un día en la nevera para que cuaje.

IDEAS PRÁCTICAS

* Ideal para pícnics o excursiones familiares.

* El pastel se corta en trozos y es un plato completo apto para todos.

SABER MÁS

El aguacate es muy rico en grasa a pesar de ser una fruta, pero su grasa es mayoritariamente monoinsaturada: el 72% del total de grasas es ácido oleico, característico del aceite de oliva. Por su aporte de antioxidantes y grasas de tipo monoinsaturado, se recomienda su consumo especialmente a quienes tienen mayor riesgo de sufrir enfermedades cardiovasculares.

- El atún y el salmón son pescados azules, ricos en grasa, sobre todo en ácidos grasos omega-3, con acción protectora frente a las enfermedades cardiovasculares.

- Las setas pertenecen al grupo de las verduras y, como tales, aportan sobre todo fibra, vitaminas y minerales. Su poder calórico es bajo, con lo que resultan ideales si es necesario perder peso.

- El pan de molde aporta un poco más de grasa que el pan común. Además de los ingredientes típicos del pan común (harina de trigo, sal, levadura y agua), contiene otros ingredientes, como harina enriquecida, gluten de trigo, lácteos (leche, leche condensada, leche en polvo, suero en polvo, lactosuero), huevos, harina de leguminosas o de malta, extracto de malta, azúcar, miel, grasas vegetales, cereales, especias y condimentos varios. En la elaboración del pan de molde, los ácidos grasos insaturados se someten a procesos de hidrogenación y se comportan de modo similar a las grasas saturadas. Por eso es importante consumir pan de molde de elaboración casera o artesanal, para asegurarnos que no se han utilizado este tipo de grasas. Otra alternativa sería sustituir el pan de molde por pan común si queremos elaborar una receta cardiosaludable.

ESCALIVADA CON ANCHOAS

INGREDIENTES

2 pimientos rojos

2 pimientos verdes

2 cebollas

2 berenjenas

4 patatas

1 diente de ajo

20 filetes de anchoas

3 cucharadas de aceite de oliva

Sal

Pimienta

Vinagre

ELABORACIÓN

- Lavamos las verduras y las asamos enteras al horno durante una media hora.
- Asamos las patatas con piel hasta que estén blandas.
- Una vez cocidos, pelamos los pimientos, la berenjena y la cebolla, los hacemos a tiras y los colocamos en un bol hondo.
- Lo aliñamos con el aceite de oliva, vinagre, ajo picado y perejil picado y lo dejamos reposar en la nevera unas horas.
- Limpiamos los filetes de anchoa y los dejamos macerar con aceite y vinagre.
- Pelamos las patatas y las cortamos a rodajas gruesas.
- Servimos las rodajas de patata con la escalivada y un filete de anchoa confitada encima.

IDEAS PRÁCTICAS

* Para facilitar la elaboración del plato, podemos utilizar anchoas ya preparadas en conserva.

* Otra opción es sustituir las anchoas por atún en conserva.

* Si queremos disminuir el aporte calórico del plato, podemos eliminar la patata y hacer timbales de escalivada con un molde de cocina especial.

SABER MÁS

♥ La anchoa es un pescado graso, rico en grasas omega-3, muy recomendables para reducir el riesgo cardiovascular. Su riqueza en grasa hace que contenga cantidades interesantes de vitaminas liposolubles, como la A y la D, de acción antioxidante.

♥ Las verduras, el pimiento, la berenjena y la cebolla son ricas en fibra y antioxidantes, con acción también protectora contra las enfermedades cardiovasculares, y son características de la dieta mediterránea.

♥ La patata contiene almidón en parte no digerible, lo que hace que actúe como una fibra y disminuya la absorción intestinal de colesterol.

PASTA CON REQUESÓN

INGREDIENTES

200 g de macarrones integrales

2 tomates

300 g de requesón

2 cucharadas de pasta de aceituna negra

30 g de nueces peladas

Aceite de oliva virgen extra

Sal

ELABORACIÓN

* Hervimos la pasta en abundante agua y sal siguiendo los tiempos que indique el fabricante. La escurrimos, la remojamos en agua fría y la reservamos.
* La mezclamos con el requesón.
* Pelamos los tomates y los cortamos a dados. Los mezclamos con la pasta y el requesón.
* Añadimos las nueces peladas troceadas.
* Mezclamos la pasta de aceitunas con una cucharada de aceite de oliva y sal y aliñamos los macarrones.

IDEAS PRÁCTICAS

* Puede servirse tibia o caliente, según el gusto.
* Para variar, es una opción aliñar con una salsa pesto a base de aceite de oliva, albahaca picada y piñones. En este caso, no pondríamos las nueces en la ensalada.

SABER MÁS

Las pasta integral es rica en fibra, lo que disminuye las concentraciones de colesterol total y colesterol-LDL en sangre, además de producir un efecto saciante.

El tomate es rico en antioxidantes, especialmente licopeno.

- Las nueces son ricas en fibra y en omega-3 y tienen un efecto protector frente a las enfermedades cardiovasculares.

- Las aceitunas aportan polifenoles, vitamina E y ácido oleico, que reduce el colesterol-LDL.

- El requesón aporta proteínas lácteas y calcio. Contiene gran cantidad de seroproteínas (proteínas del suero), que reúnen todos los aminoácidos esenciales. Su contenido de grasa es menor que el de la mayoría de los quesos, ya que aporta unos 7,3 g por 100 g, aunque son grasas de origen animal, no cardiosaludables. Por lo tanto, conviene no abusar de él.

6 RECETAS DE PLATO ÚNICO

Recetas de platos únicos completos que cubren las necesidades nutricionales de una ingesta equilibrada. Para personas con poco tiempo para comer o poco apetentes.

PASTEL DE SALMÓN CON LENTEJAS

INGREDIENTES

200 g de salmón fresco

500 g de salmón ahumado

200 g de lentejas cocidas

100 g de atún en conserva al natural

1 cebolla

1 zanahoria

6 hojas de gelatina

Aceite de oliva

Sal

Pimienta

ELABORACIÓN

- Limpiamos y cortamos el salmón fresco a tiras. Lo salteamos con aceite de oliva.
- Pelamos la zanahoria y la cebolla y las picamos. Las pochamos con aceite de oliva.
- Añadimos las lentejas cocidas y las mezclamos con el atún.
- Rellenamos un molde con papel de film y lo forramos con las láminas de salmón ahumado.

- Mezclamos las hojas de gelatina hidratadas con agua caliente con las lentejas.
- Vertemos la mitad en el molde.
- Hacemos una capa con las tiras de salmón fresco.
- Acabamos de llenar el molde con el resto de las lentejas en gelatina.
- Lo compactamos con un peso y lo enfriamos en la nevera.

IDEAS PRÁCTICAS

* Este plato puede utilizarse también como menú de *tupper* o para elaborarlo con antelación un día que convenga.

* Podemos variar el relleno del pastel y elaborar variedades diferentes.

SABER MÁS

♥ El salmón es un pescado azul graso, rico en omega-3, igual que el atún. Aportan grasas muy cardiosaludables.

♥ Las lentejas son ricas en fitoquímicos y fibra, que disminuyen los niveles de colesterol plasmático.

♥ La zanahoria y la cebolla enriquecen el plato con antioxidantes. La zanahoria es muy rica en betacaroteno y la cebolla destaca por su contenido en quercetina.

MANITAS DE CERDO CON JUDÍAS SECAS

INGREDIENTES

4 manitas de cerdo tiernas (a ser posible, de las delanteras)

200 g de judías secas

2 tomates maduros

2 cebollas

2 dientes de ajo

50 g de almendras tostadas

1 limón

3 hojas de laurel

2 cucharadas de harina blanca

Perejil

4 cucharadas de aceite de oliva

ELABORACIÓN

- Hervimos las manitas de cerdo en una olla grande con agua, unas hojas de laurel, la piel del limón y bastante sal durante 1-2 horas. Las sacamos cuando veamos que están blandas y las dejamos en un escurridor.

- Hervimos las judías secas (podemos utilizarlas ya cocidas). Las ponemos en remojo el día antes. Después las escurrimos, las lavamos con agua y las hervimos a fuego lento para evitar que se deshagan. Las dejamos enfriar en la misma agua, ya que así se mantienen más enteras.

- Enharinamos las manitas de cerdo y las freímos en aceite de oliva. Las reservamos.

- Con el mismo aceite colado, pochamos en una cazuela la cebolla cortada pequeña. Añadimos el tomate cortado a dados cuando la cebolla esté dorada.

- Añadimos las manitas de cerdo y las cubrimos de agua. Dejamos que hiervan.

- Añadimos una picada hecha con los ajos, las almendras tostadas, el perejil picado y un poco de sal y lo dejamos cocer un rato.

- Lo servimos caliente acompañado de las judías.

IDEAS PRÁCTICAS

* Otra manera de consumir las manitas de cerdo es a la brasa. También podemos acompañarlas con judías secas.

* Si utilizamos judías secas ya cocidas, facilitamos la elaboración del plato.

SABER MÁS

◉ Las verduras, el tomate y la cebolla son fuente de antioxidantes.

◉ Las manitas de cerdo tienen en su composición gran riqueza de colágeno y aportan muy poca grasa. En contra de lo que muchos piensan, son perfectamente compatibles con una dieta para hipercolesterolemia. Además, en torno al 48% de la grasa porcina son ácidos grasos monoinsaturados del tipo ácido oleico, característico del aceite de oliva. La ingesta de este tipo de grasa contribuye a reducir los niveles de colesterol total en sangre a expensas del llamado colesterol malo o colesterol-LDL y a aumentar los niveles del llamado colesterol bueno o colesterol-HDL. En él abunda una proteína llamada colágeno, de escaso valor biológico por su pobreza en aminoácidos esenciales. El colágeno se transforma en gelatina por acción del calor, motivo por el que las piezas delanteras precisan una cocción más prolongada que las traseras.

◉ Las judías, como legumbres, contienen fitoquímicos implicados directamente en la reducción de colesterol plasmático. Contienen lecitina, que favorece el metabolismo del colesterol y reduce el riesgo de formación de placa de ateroma, y saponinas, que disminuyen la absorción de colesterol a nivel intestinal. La fibra también tiene este efecto.

◉ Las almendras, ricas en grasas poliinsaturadas y fibra, también potencian esta acción hipocolesterolemiante.

ARROZ CON VERDURAS

INGREDIENTES

360 g de arroz integral

1 pimiento verde

1 pimiento rojo

2 tomates

2 cebollas

4 alcachofas

2 puerros

1 zanahoria

100 g de guisantes

Caldo de verduras

Perejil

Pimienta roja

ELABORACIÓN

- Pelamos las verduras que lo requieran y las cortamos a trozos pequeños.
- Las sofreímos con un poco de aceite de oliva en una sartén.
- Cuando estén al punto, añadimos el caldo de verduras y esperamos a que hierva.
- Una vez entre en ebullición, añadimos el arroz y un poco de pimienta roja y lo cocemos a fuego rápido unos 45 minutos, hasta que el arroz esté al punto. Si fuera necesario, añadimos más caldo.
- Lo espolvoreamos con perejil picado y lo dejamos reposar unos 5 minutos más antes de servir.

IDEAS PRÁCTICAS

* La misma receta puede elaborarse con arroz blanco, con un tiempo de cocción más corto, de unos 20 minutos, pero pierde propiedades beneficiosas para la prevención de enfermedades cardiovasculares.

* Un plato típicamente mediterráneo que puede hacerse con las verduras de que se disponga.

SABER MÁS

♀ Cóctel vitamínico y mineral. Las verduras aportan antioxidantes, entre ellos betacaroteno y vitamina C, y magnesio.

♀ El arroz integral es más oscuro que los refinados debido a que conserva parte del salvado de la cáscara. Requiere una cocción más lenta y prolongada (unos 45 minutos). Este salvado representa un plus de fibra. Las ventajas de la fibra para el organismo responden al hecho de que es un compuesto no digerible. A través de diversos mecanismos, se ha demostrado que influye en los niveles de colesterol, glucosa e insulina en sangre, incrementa el volumen de las heces y promueve la evacuación normal, entre otras cosas. La cáscara del arroz, además de los componentes fibrosos, contiene también fitosteroles, con evidente capacidad de reducir los niveles de colesterol sanguíneo. Por tanto, las personas con colesterol elevado, para obtener los beneficios mencionados será preciso que elijan el arroz integral, que conserva la cáscara.

♀ Los guisantes, con marcado efecto hipocolesterolemiante, además de enriquecer el plato en fibra, complementan los aminoácidos del arroz aportando aminoácidos esenciales del que éste es carencial.

SOPA DE BACALAO

INGREDIENTES

100 g de patata

100 g de espinas y cola de bacalao

200 g de lomo de bacalao

1 puerro

1 diente de ajo

1 zanahoria

20 g de almendras crudas

Romero

2 cucharadas de aceite de oliva

Sal

ELABORACIÓN

- Desalamos el bacalao el día antes.
- Pelamos las patatas y las cortamos a dados pequeños.
- Pelamos los puerros y los cortamos en juliana. Pelamos y cortamos el ajo a láminas. Pelamos y cortamos la zanahoria a rodajas.
- En 1 litro de agua fría en una olla, ponemos las espinas y la cola de bacalao y lo dejamos hervir unos 20 minutos (podemos utilizar caldo de pescado ya elaborado para facilitar la preparación). Lo colamos y lo reservamos.
- En otra olla, sofreímos el puerro con un poco de aceite de oliva. Añadimos el ajo y la zanahoria pelada y cortada a rodajas.
- Al cabo de unos minutos, añadimos la patata, la rama de romero y el caldo de bacalao.
- Lo hervimos hasta que las patatas estén cocidas.
- Retiramos la rama de romero y lo trituramos, añadiendo un chorrito de aceite crudo.
- Lo pasamos por un colador chino.
- Cortamos el lomo de bacalao a dados y lo cocemos en el puré unos minutos.
- Lo servimos con las almendras crudas trituradas por encima.

IDEAS PRÁCTICAS

* Una alternativa al plato sería no triturar las patatas y la verdura para hacer un puré y dejarlas enteras. Resultaría una cazuela de patatas con bacalao.

* El formato de sopa o puré facilita el consumo, sobre todo en personas mayores y niños o en personas con dificultad en la deglución.

* Los dados de bacalao podrían sustituirse por pescado azul, como atún o salmón, lo que aumentaría la cantidad de ácidos grasos omega-3 del plato.

SABER MÁS

♥ Plato completo con hidratos de carbono (patata), verdura y proteínas (bacalao).

♥ Las almendras son frutos secos oleaginosos y constituyen un alimento sumamente recomendable por su gran aporte proteico (equivalente, en cantidad, al de la carne de ternera) y por la saludable composición de sus grasas, cuya gran mayoría son insaturadas, las más convenientes para mantener controlada la tasa de colesterol. Además, las almendras aportan mucha fibra, minerales y vitaminas. El único pero es su elevado poder energético, que deben tener muy en cuenta quienes deben controlar su peso.

♥ De poca grasa, el bacalao es rico en proteínas de alto valor biológico y vitaminas B1, B2, B6 y B9. Aunque necesita sal para su consumo, en comparación con el resto de pescados frescos, el bacalao posee un contenido en sodio elevado.

COCIDO DE JUDÍAS CON ESPINACAS Y BACALAO

INGREDIENTES

380 g de judías secas cocidas

800 g de espinacas frescas

300 g de bacalao

Aceite de oliva

ELABORACIÓN

* Escurrimos las judías secas y las salteamos en una sartén con un poco de aceite de oliva.
* Añadimos las hojas de espinacas lavadas y cortadas en juliana grande.
* Añadimos el bacalao a tiras.
* Lo salpimentamos al gusto.
* Lo dejamos cocer unos 10-15 minutos.

IDEAS PRÁCTICAS

* Plato completo fácil y rápido de elaborar.
* Podemos congelarlo o guardarlo en el refrigerador para consumir en otro momento, ya que solamente requerirá calentarlo.

SABER MÁS

Las espinacas están compuestas en su mayoría por agua. Su contenido de hidratos de carbono y grasas es muy bajo. El contenido en fibra, al igual que ocurre con la gran mayoría de las verduras, es considerable, lo que resulta beneficioso para la salud. Las espinacas destacan sobre todo por una riqueza en vitaminas y minerales que sobrepasa a la de la mayoría de las verduras. Presentan cantidades elevadas de provitamina A y de vitaminas C y E, todas ellas de acción antioxidante. Los antioxidantes bloquean el efecto dañino de los radicales libres. Se sabe que es la oxidación de las LDL la que desempeña un papel fundamental en el inicio y el desarrollo de la arteriosclerosis. Los antioxidantes bloquean los radicales libres responsables de esta oxidación. Bajos niveles de antioxidantes constituyen un factor de riesgo cardiovascular.

● El bacalao es un pescado blanco. Es poco calórico, ya que solamente aporta 86 kcal por cada 100 g, debido sobre todo a su bajo contenido graso, unos 2 g por cada 100 g. Esta grasa, sin embargo, es la que denominamos *grasa cardiosaludable*, ya que es rica en ácidos grasos insaturados. Es una buena fuente de proteínas de alta calidad. Además, se trata de una proteína de muy fácil digestión. Es un pescado, pues, muy adecuado para personas que deban cuidar su peso corporal o que tengan problemas digestivos.

● Las judías secas son legumbres ricas en sustancias fitoquímicas con efecto protector frente a enfermedades cardiovasculares. Además, son una fuente importante de fibra, que favorece este efecto hipocolesterolemiante al reducir la absorción de colesterol a nivel intestinal.

MERLUZA CON AJO

INGREDIENTES

4 supremas de merluza de unos 150 g cada una

4 patatas grandes

2 berenjenas

8 dientes de ajo

100 cc de vinagre balsámico

4 cucharadas de aceite de oliva

Sal

Perejil

ELABORACIÓN

• Pelamos los dientes de ajo y los cortamos a láminas finas.

• Los freímos en aceite de oliva a fuego medio hasta que se doren.

• Los retiramos y los reservamos.

• En el mismo aceite, añadimos las supremas de merluza y el vinagre y lo dejamos reducir unos 5 minutos a fuego fuerte.

• Hervimos las patatas con piel.

• Las pelamos y las cortamos a dados.

• Las doramos en un poco de aceite de oliva y las espolvoreamos con el perejil picado.

• Cortamos las berenjenas a láminas o a rodajas, con la piel. Las cocemos a la plancha con sal y un poco de aceite de oliva.

• Servimos las supremas con la reducción de vinagre, las patatas, la berenjena y las láminas de ajo por encima.

IDEAS PRÁCTICAS

* Un plato típicamente mediterráneo con el pescado como protagonista, acompañado de fécula y verdura y aliñado con ajos y hierbas aromáticas.

* Si sustituimos la patata por algún cereal entero, como el arroz integral, añadiremos fibra al plato.

SABER MÁS

📍 En la piel de la berenjena se han identificado antocianinas (flavonoides), pigmentos que le confieren el color morado, con propiedades antioxidantes. Los estudios indican que ayudan a disminuir los niveles de colesterol mediante una modulación de su metabolismo y una mayor excreción del mismo. El reconocido papel benefactor de los antioxidantes convierte a la berenjena en una verdura recomendada para la prevención de enfermedades cardiovasculares.

📍 La merluza es un pescado blanco con un contenido graso y calórico bajo, que aporta en torno a 65 calorías y menos de 2 gramos de grasa por 100 gramos de porción comestible. Debido a su bajo contenido graso y su poco aporte calórico, la merluza se considera un alimento adecuado para personas que sufren sobrepeso u obesidad.

RAPE CON FIDEOS

INGREDIENTES

4 colas de rape

1 litro de caldo de pescado

2 dientes de ajo

250 g de fideos

25 g de almendras tostadas

1 hoja de laurel

4 hilos de azafrán

10 g de harina

50 cc de vino blanco

2 cucharadas de aceite de oliva

1 rama de perejil

ELABORACIÓN

• En una cazuela, ponemos el aceite, los fideos y 2 dientes de ajo laminados. Lo mezclamos hasta que los fideos se doren.

• Añadimos 1/2 l de caldo de pescado y lo salamos. Lo dejamos cocer unos 10 minutos.

• Aparte, mezclamos las almendras, la harina, el azafrán, el vino, perejil y el caldo restante y lo batimos bien. Cocemos la mezcla hasta que quede espesa.

• Salamos las colas de rape y las cocemos en la plancha unos 5 minutos.

• Servimos las colas de rape, los fideos como acompañamiento y lo regamos con la salsa.

IDEAS PRÁCTICAS

* Una manera de aligerar el plato en calorías y hacerlo más fácilmente digerible sería eliminar la salsa de almendras. Podemos sustituirla por un alioli ligero o servirlo sin salsa.

* Si optamos por fideos integrales, con un plus de fibra importante, el tiempo de cocción es superior. De todas maneras, el tiempo de

cocción de la receta se refiere a fideos finos, si el grosor del fideo es superior debemos guiarnos por los tiempos de cocción que nos indique el fabricante.

SABER MÁS

📍 El rape es un pescado blanco que contiene proteínas de alto valor biológico y es poco graso. Por ello, si se cocina de manera suave, sin exceso de grasas y salsas calóricas, este pescado es ideal en las dietas de control de peso. Del análisis mineral en el rape, destacan en cantidad el potasio, el fósforo, el magnesio y el hierro.

📍 Los fideos forman parte del grupo de la pasta, en el que los hidratos de carbono (almidón) son los nutrientes más abundantes. A diferencia del pan, la harina para elaborar pasta de calidad superior proviene del trigo duro, una variedad típica del área mediterránea. Para obtener esta harina sólo se emplea una parte del grano del cereal, el endospermo, rico en almidón. La proteína más importante de la pasta es el gluten, que le confiere su elasticidad típica. La baja cantidad de grasa que contiene la pasta representa una ventaja.

📍 La salsa, a base de almendras, aceite de oliva y perejil, enriquece el plato con ácidos grasos insaturados y antioxidantes.

GARBANZOS CON ARROZ

INGREDIENTES

200 g de atún fresco cortado a dados

200 g de garbanzos cocidos

120 g de arroz integral

400 g de acelgas

2 cucharadas de aceite de oliva

2 dientes de ajo

1 l de caldo de pescado

Sal

ELABORACIÓN

- En una cazuela, ponemos el aceite a calentar con los dientes de ajo pelados enteros.
- Añadimos el arroz.
- Añadimos el caldo de pescado caliente y lo cocemos durante unos 30-35 minutos.
- Añadimos los dados de atún y las acelgas troceadas y lo cocemos unos minutos más.
- Incorporamos los garbanzos cocidos, lo rectificamos de sal y lo dejamos cocer unos 10 minutos hasta que el arroz esté al punto. Añadimos más caldo si es necesario.

IDEAS PRÁCTICAS

* Las proteínas del arroz, un cereal, con las de los garbanzos, una legumbre, se complementan en aminoácidos esenciales, lo que convierte la asociación en una proteína vegetal de alto valor biológico. Si prescindimos del atún, el plato es apto para vegetarianos y contiene proteína completa.

SABER MÁS

⚲ El principal componente de los garbanzos son los hidratos de carbono, y el almidón es el más abundante. El aporte proteico es importante, aunque no destaca en este nutriente respecto al resto de las legumbres secas. Su contenido en lípidos es mayor que el del resto de las legumbres, y destaca la presencia de ácidos oleico y linoleico, ambos insaturados. Por otro lado, aportan una cantidad importante de fibra, que contribuye a reducir los niveles de colesterol sanguíneo.

◆ El arroz integral aumenta el contenido de fibra del plato y complementa las proteínas de los garbanzos.

◆ La acelga es una verdura con cantidades insignificantes de hidratos de carbono, proteínas y grasas, dado que su peso se debe principalmente a su elevado contenido en agua. Por ello resulta una verdura poco energética, aunque constituye un alimento rico en nutrientes reguladores, como ciertas vitaminas, sales minerales y fibra. Es una de las verduras más abundantes en folatos, con cantidades sobresalientes de betacaroteno (provitamina A) y discretas de vitamina C. Sus hojas verdes más externas son las más vitaminadas. La vitamina A y la vitamina C son antioxidantes importantes.

CAZUELA DE POLLO

INGREDIENTES

1 pollo cortado a octavos

2 berenjenas

3 patatas grandes

Aceite de oliva

1 hoja de laurel

1 cabeza de ajos

Sal

ELABORACIÓN

- En una cazuela, ponemos el aceite, la cabeza de ajos entera y la hoja de laurel.
- Cuando esté caliente, incorporamos el pollo y lo doramos a fuego fuerte.
- Bajamos la intensidad del fuego y añadimos las berenjenas cortadas a dados.
- Pelamos las patatas, las cortamos a dados y las añadimos a la cazuela.
- Lo cocemos entre 3/4 de hora y 1 hora a fuego lento.

IDEAS PRÁCTICAS

* El mismo plato puede elaborarse con conejo o pavo.

* Es recomendable eliminar la piel y la grasa visible del pollo antes de cocinarlo para minimizar su contenido en grasas saturadas.

SABER MÁS

La carne de pollo es una de las más saludables del mercado. Es un alimento con una alta densidad de nutrientes. El principal componente de la carne de pollo es el agua, que representa del 70% al 75% del total. Las proteínas suponen entre el 20% y el 22% y, por último, la grasa, entre un 3% y un 10%. En su composición también figuran cantidades importantes de minerales, como hierro, zinc, magnesio, selenio, cobalto y cromo, y vitaminas como tiamina, niacina, retinol y vitaminas B6 y B12. Por su bajo contenido en colesterol, excepto la piel, también puede ser consumido por personas con problemas de dislipemias.

- La berenjena es una de las verduras más recomendadas en dietas para colesterol alto. Su efecto hipocolesterolemiante se debe en parte a su contenido en antioxidantes y en parte a su alta aportación en fibra, que limita la absorción intestinal del colesterol al mezclarse con los ácidos biliares y hace que se elimine por las heces.

- Las patatas están compuestas por agua en un 70%, y el 20% restante son glúcidos. Su contenido en proteínas es muy bajo. Su contenido en vitamina C se encuentra sobre todo en la piel, lo que recomienda su cocción sin pelar.

- El ajo contiene compuestos sulfurados con diferentes propiedades beneficiosas para la salud. El más característico es la aliína. Al cortar o triturar el ajo, la aliína se transforma en alicina y ésta, a su vez, en numerosas sustancias responsables del olor característico de los ajos y de muchas de sus propiedades. El consumo frecuente de ajo produce diferentes efectos beneficiosos para prevenir enfermedades cardiovasculares: vasodilatación, disminución del colesterol y los triglicéridos sanguíneos y un efecto diurético que produce disminución de la tensión arterial.

ARROZ DE SARDINAS

INGREDIENTES

360 g de arroz integral

3 tomates maduros

800 g de sardinas

200 g de guisantes

1/2 l de caldo de pescado

6 dientes de ajo

Aceite de oliva

Sal

ELABORACIÓN

• Picamos los ajos y rallamos los tomates.

• Lo sofreímos en aceite de oliva hasta que quede bien confitado.

• Añadimos el arroz y lo sofreímos unos minutos.

• Añadimos el caldo de pescado caliente y lo salamos.

• Lo cocemos unos 40 minutos y añadimos los guisantes a media cocción.

• Añadimos las sardinas limpias, sin cabeza y sin espina.

• Lo cocemos 5 minutos más, tapado y añadiendo caldo si es necesario.

IDEAS PRÁCTICAS

* Podemos elaborar la misma receta con distintos tipos de pescado e incluso hacer el arroz con anchoas o sardinas en conserva.

* Es importante eliminar bien las espinas para evitar accidentes a la hora de comer el plato. Podemos pedir ayuda al pescadero para que limpie bien el pescado.

SABER MÁS

La sardina es un pescado azul o graso y es muy buena fuente de omega-3, que ayudan a disminuir los niveles de colesterol y de triglicéridos, además de aumentar la fluidez de la sangre, lo que disminuye el riesgo de arteriosclerosis y trombosis. Por este motivo, es recomendable el consumo de sardinas y otros pescados azules en enfermos cardiovasculares. Su contenido proteico también es elevado. La sardina contiene también cantidades significativas de vitaminas liposolubles, como la A y la E, con efecto antioxidante.

- El arroz integral es una buena fuente de proteínas desprovista de gluten. Es un cereal completo, de los mejor tolerados y el más digestivo, ya que su fibra es poco agresiva. Esta fibra ejerce un efecto "secuestrador" del colesterol de la dieta y reduce su absorción intestinal.

- Los guisantes contienen fibra y fitoesteroles, que disminuyen la absorción intestinal de colesterol. A pesar de que contienen menos cantidad de fibra que el resto de las legumbres, contienen oligosacáridos y otras sustancias que actúan como prebióticos. Fermentan a nivel del intestino "alimentando" la flora bacteriana intestinal e impidiendo el crecimiento de bacterias patógenas.

7 RECETAS DE
PRIMEROS PLATOS

Recetas de verdura, ensaladas, sopas, platos de pasta, legumbres o arroz ideales como primer plato para toda la familia

BERENJENAS CON LIMÓN

INGREDIENTES

4 berenjenas

2 limones de piel fina

100 g de azúcar

Aceite

Sal

ELABORACIÓN

- Confitamos los limones: los cortamos a rodajas y después a trozos pequeños. Los hervimos 5 minutos cubiertos de agua. Los escurrimos y los volvemos a poner al fuego con el azúcar y cubiertos de agua. Lo cocemos a fuego lento hasta que reduzca y quede casi trasparente.
- Pelamos las berenjenas y las cortamos a láminas verticales.
- Las colocamos en una fuente de horno y las aliñamos con sal, zumo de limón y un poco de aceite de oliva.
- Las cocemos a 180 °C unos 15 minutos.
- Lo colocamos en un recipiente alternando capas de berenjena con capas de limón confitado y lo regamos con el zumo que sobre.
- Lo maceramos un par de días en la nevera.

IDEAS PRÁCTICAS

* Lo servimos formando rollitos de berenjena con limón y lo regamos con el zumo de la maceración.

* Lo podemos utilizar también como acompañamiento de una carne o un pescado o como pica-pica.

SABER MÁS

♀ Las berenjenas son ricas en fibra. Ésta "secuestra" el colesterol dietético, dificulta su absorción en el intestino y favorece su eliminación por las heces. En la piel de las berenjenas se han identificado antocianinas, los pigmentos que le confieren el color morado, con propiedades antioxidantes. El reconocido papel benefactor de los antioxidantes convierte a la berenjena en una verdura recomendada por el destacado papel que tienen estos compuestos en la prevención de enfermedades cardiovasculares. Los estudios indican que ciertos flavonoides presentes en la berenjena ayudan a disminuir los niveles de colesterol mediante una modulación de su metabolismo y una mayor excreción del mismo.

♀ El limón es un cítrico, rico en vitamina C, ácido cítrico y fibra.

ENSALADA DE BOQUERONES ESCABECHADOS

INGREDIENTES

4 boquerones

2 dientes de ajo

1 cebolla tierna

1 escarola fina

2 manzanas tipo Golden

Romero, orégano, pimienta roja dulce

Sal

Vinagre agridulce de cava

Aceite de oliva virgen

ELABORACIÓN

- Freímos los boquerones enharinados en aceite de oliva muy caliente y los reservamos.
- En una cazuela, doramos el diente de ajo laminado y la cebolla tierna cortada a tiras.
- Añadimos un poco de pimienta roja dulce, las hierbas al gusto, un chorrito de vinagre y un poco de agua. Lo cocemos 5 minutos a fuego suave.
- Incorporamos los boquerones y lo cocemos 2 o 3 minutos más.
- Limpiamos y cortamos la escarola.
- Pelamos y cortamos la manzana a dados y la mezclamos con la escarola.
- Servimos un lecho de escarola y manzana, el boquerón escabechado encima y lo aliñamos con el escabeche.

IDEAS PRÁCTICAS

* Para disminuir el contenido calórico y de grasa, podemos cocer los boquerones enharinados al horno. Quedarán dorados y crujientes igual pero con menor contenido graso.

* Para evitar que la manzana se ennegrezca, podemos rociarla con zumo de limón.

SABER MÁS

Esta ensalada combina diferentes alimentos muy beneficiosos para la prevención de enfermedades cardiovasculares:

- El boquerón es un pescado graso, muy rico en ácidos grasos omega-3, con efecto de protección cardiovascular.

- La escarola es muy rica en carotenos y vitamina C, así como en fibra. Contiene diversos principios activos con carácter antioxidante: flavonoides como la miricetina, la quercetina, el kaempferol, la luteolina y la apigenina y compuestos fenólicos como los ácidos cafeico y ferúlico, que son también potentes antioxidantes.

- Las manzanas contienen fibra, flavonoides y quercetina, potentes antioxidantes.

- El aceite de oliva virgen es rico en ácido oleico y vitamina E, así como en tocoferoles y polifenoles.

CREMA DE GARBANZOS

INGREDIENTES

500 g de garbanzos cocidos

2 dientes de ajo pelados

1 yogur natural desnatado

1 cucharada de zumo de limón

Aceite oliva virgen extra

100 g de salmón ahumado a tacos

ELABORACIÓN

- Batimos los garbanzos con el ajo, el yogur y el zumo de limón hasta que quede una crema bien fina.
- Lo salpimentamos.
- Lo servimos con unos tacos de salmón ahumado encima y un chorrito de aceite de oliva virgen.

IDEAS PRÁCTICAS

* Triturar los garbanzos y la presencia del yogur en la receta facilita la tolerancia gastrointestinal de las legumbres, que, especialmente a algunas personas, pueden producir dispepsias y flatulencias.

* Se trata de una crema fría diferente y muy nutritiva.

* Al incorporar el salmón, podría convertirse en un plato único.

SABER MÁS

Los garbanzos son legumbres que incluyen un componente importante, la fibra, que es en gran parte soluble. Se ha descubierto que son capaces de estimular el crecimiento selectivo de las bacterias del colon beneficiosas para la salud. Esta función está en el origen de la temida flatulencia, pero reduce el riesgo cardiovascular, al dificultar la absorción de colesterol de la dieta. Además, contienen compuestos fitoquímicos implicados directamente en la reducción del colesterol plasmático y en la prevención de la formación de la placa de ateroma.

♀ El yogur desnatado aporta cremosidad al plato sin añadir grasa saturada y su aporte en bifidobacterias potencia el efecto intestinal de los garbanzos y mitiga sus efectos indeseables.

♀ El salmón ahumado es rico en vitamina D, importante para fortalecer el sistema óseo e inmunitario, ya que es la responsable de regular los niveles de calcio y favorecer su absorción y su fijación a nivel óseo. Es también rico en vitamina A, así como vitamina E, un excelente antioxidante. Es un alimento muy rico en sodio, de 20 a 25 veces más que el salmón fresco, por lo que su consumo debe ser moderado en personas con problemas de hipertensión. El salmón es un pescado azul que aporta unos 11 g de grasa por cada 100 g. Esta grasa es rica en ácidos grasos omega-3, que contribuyen a disminuir los niveles plasmáticos de colesterol y triglicéridos. Este perfil lipídico saludable hace que su consumo sea muy recomendable en caso de trastornos cardiovasculares.

♀ El yogur desnatado aporta proteínas de alto valor biológico y calcio y fósforo, igual que el yogur entero. Sin embargo, tiene la ventaja de que no contiene grasa. La grasa del yogur entero, igual que todos los derivados lácteos, es de origen animal, de predominio saturada, por lo que no resulta cardiosaludable. Si eliminamos este tipo de grasa, el yogur se convierte en un alimento cardiosaludable, además de disminuir considerablemente su aporte calórico.

AJOBLANCO CON UVAS

INGREDIENTES

4 dientes de ajo

150 g de almendras crudas peladas

2 cucharadas de copos de avena

1 l de agua

4 cucharadas de aceite de oliva

4 cucharadas de vinagre de vino

12-16 granos de uva roja

ELABORACIÓN

• Batimos los dientes de ajo, los copos de avena y las almendras con el agua hasta que quede una crema clarita.

• La aliñamos con el aceite, la sal y el vinagre.

• La dejamos enfriar en la nevera.

• La servimos en un bol o plato fondo con los granos de uva encima.

IDEAS PRÁCTICAS

* Se trata de una adaptación de una receta tradicional de ajoblanco en la que sustituimos el pan por avena y aprovechamos las ventajas de la almendra y las uvas.

* Podemos eliminar las pepitas de los granos de uva, pero es importante no pelarlas, ya que muchas de sus propiedades beneficiosas se deben a la piel.

SABER MÁS

Las uvas contienen compuestos fenólicos, responsables de su color y sabor, como antocianos, taninos y flavonoides, todos ellos con potente acción antioxidante. Los antocianos son los pigmentos responsables del color de las uvas negras y rojas y están ausentes en las variedades blancas. Dentro de los flavonoides, el resveratrol es el más reconocido. Actúa como antioxidante.

🔘 La avena es muy rica en almidón y en fibra. La fibra del salvado contribuye a reducir el colesterol, ya que disminuye su absorción mediante un efecto de arrastre. El 80% de las grasas que contiene la avena son del tipo insaturado. Abunda sobre todo el ácido linoleico, un ácido graso esencial (que no puede ser fabricado por el organismo y debe obtenerse a través de la dieta). Además, la avena contiene un fitoesterol, el avenasterol, que disminuye el colesterol sanguíneo, ya que dificulta su absorción a nivel intestinal. Contiene también lecitina, con efecto reductor del colesterol plasmático. Así pues, la avena resulta un alimento especialmente indicado para reducir el riesgo cardiovascular, principalmente por su contenido en fibra, grasas insaturadas, avenasterol y lecitina, que contribuyen a reducir los niveles de colesterol en sangre.

🔘 Las uvas negras y rojas contienen resveratrol, taninos y antocianos. Las tres sustancias tienen gran poder antioxidante y están presentes sobre todo en la piel de estas uvas, así como de los productos elaborados a partir de ellas: mosto, zumo de uva y vino tinto. Los taninos son los responsables del sabor áspero y astringente. El resveratrol es un polifenol, presente también en otros vegetales como las nueces. Además de su acción antioxidante, parece tener efecto antiinflamatorio y cierto efecto anticancerígeno. Estos antioxidantes ejercen un papel protector frente a enfermedades cardiovasculares y degenerativas.

🔘 La almendra contiene hidratos de carbono, aunque en poca proporción, proteínas de buena calidad y, sobre todo, grasas. Las grasas son predominantemente insaturadas, es decir, beneficiosas para la salud cardiovascular. Su contenido calórico es alto, por lo que deben tomarse con moderación en caso de sobrepeso. Su contenido en fibra es superior al resto de los frutos secos y dificulta la absorción de colesterol a nivel del intestino. Es también una fuente importante de vitamina E, con acción antioxidante. Esta acción antioxidante, junto a la saludable composición de sus grasas, mayoritariamente insaturadas, la hacen un alimento recomendable para controlar el colesterol sanguíneo.

CARPACCIO DE CALABACÍN CON ACEITUNAS NEGRAS

INGREDIENTES

2 calabacines

2 tomates

50 g de aceitunas negras

Aceite de oliva virgen

ELABORACIÓN

* Escaldamos los tomates, los pelamos y los troceamos a dados.
* Trituramos las aceitunas con el aceite de oliva.
* Cortamos los calabacines a láminas muy finas y los colocamos en un plato.
* Añadimos el tomate a dados.
* Lo aliñamos con la mezcla de aceitunas y aceite.

IDEAS PRÁCTICAS

* En el mercado existen pastas de olivada ya elaborada, lo que convierte la elaboración de este plato, ya de por sí sencilla, en muy fácil.
* Si queremos aligerar el plato, ya de por sí bajo en calorías, podemos sustituir las olivas por una vinagreta hecha con miel, mermelada de tomate o mostaza. O aliñarlo con salsa de soja, muy cardiosaludable, lo que daría un toque oriental al plato.

SABER MÁS

♥ El calabacín es una hortaliza muy poco calórica y que posee propiedades emolientes sobre el aparato digestivo gracias a su contenido en mucílagos, un tipo de fibra que suaviza y desinflama las mucosas del aparato digestivo. Esta fibra es la que dificulta la absorción del colesterol de la dieta.

♥ Las aceitunas, igual que el aceite de oliva virgen, son muy ricas en ácido oleico, un ácido graso monoinsaturado con efecto muy beneficioso sobre los niveles de colesterol plasmáticos. Además, son fuente de vitamina E y tocoferoles, carotenos y polifenoles, con marcado efecto antioxidante.

- El tomate es también poco calórico. Su color rojo característico se debe a la presencia de licopeno, un pigmento que, igual que la vitamina C, es antioxidante. Ambas sustancias, junto con las vitaminas A y E, actúan de forma beneficiosa protegiendo al organismo del efecto nocivo de los radicales libres.

- El organismo humano está expuesto a una agresión oxidativa continua por diferentes factores. Algunos factores son del mismo organismo, endógenos, como los mismos procesos de obtención de energía, que conllevan la formación de sustancias oxidantes. Otros factores son externos, como la polución, el tabaco, el estrés psíquico, las radiaciones solares, etc. Esta agresión oxidativa contribuye a la aparición de gran número de enfermedades, entre ellas las enfermedades cardiovasculares. El organismo dispone de diferentes sistemas de defensa contra esta oxidación, y la mayoría de éstos dependen de la alimentación.

- El aceite de oliva, cuya composición mayoritaria es el ácido oleico, ayuda al organismo en esta "batalla" contra la oxidación. Cuando el aceite de oliva se ingiere de una manera habitual, la membrana de las células aumenta en ácido oleico, más difícil de oxidar. Además, el aceite de oliva, sobre todo si se trata de un aceite de oliva virgen, contiene diferentes antioxidantes, como la vitamina E y diferentes compuestos fenólicos que actúan directamente contra los radicales libres. El aceite de oliva virgen, además, contiene fitoesteroles, concretamente B-sitosterol, que actúa reduciendo la absorción del colesterol de la dieta.

BROCHETAS DE VERDURAS CON SALSA DE SOJA

INGREDIENTES

8 tomates cereza

1 calabacín pequeño

1 pimiento verde

1 pimiento rojo

1 berenjena

8 champiñones

1 cebolla tierna

Sal

Salsa de soja

1 dl de aceite de oliva virgen extra

Semillas de sésamo tostado

4 palillos de brocheta

ELABORACIÓN

- Lavamos el calabacín, la berenjena y los pimientos y los cortamos a cuadrados de la misma medida.
- Montamos las brochetas con las verduras cortadas y los champiñones y los tomates cereza limpios, alternándolo y combinando los colores.
- Pelamos la cebolla tierna y la picamos. La mezclamos con aceite de oliva y un chorrito de salsa de soja.
- Cocemos las brochetas en una sartén con aceite hasta que queden *al dente*.
- Las aliñamos con la salsa y las decoramos con el sésamo tostado.

IDEAS PRÁCTICAS

* Podemos variar las verduras y utilizar hortalizas de temporada: ramas de brócoli, zanahorias, remolacha, nabos, etc.

* Otra opción es cocer las brochetas al horno.

* Esta receta puede utilizarse también como un pica-pica ligero y sano.

SABER MÁS

♀ Las verduras son ricas en antioxidantes y fibra. Destacan los antocianos de la piel de la berenjena, la vitamina C y los carotenoides como la capsantina de los pimientos, el licopeno del tomate y los flavonoides y los compuestos azufrados de la cebolla.

♀ Las semillas de sésamo contienen grasas insaturadas y lecitina, que contribuyen a disminuir el colesterol sanguíneo.

♀ La soja es rica en isoflavonas y otros flavonoides, que disminuyen el riesgo cardiovascular.

GARBANZOS CON ESPINACAS Y AJOS TIERNOS

INGREDIENTES

400 g de garbanzos cocidos

4 ajos tiernos

1 cebolla tierna

600 g de espinacas de hoja tierna

25 g de piñones

25 g de pasas

3 cucharadas de aceite de oliva

Sal

ELABORACIÓN

- Pelamos la cebolla y la cortamos en juliana.
- Limpiamos los ajos tiernos y los cortamos en rodajas.
- Limpiamos las espinacas.
- Sofreímos la cebolla y el ajo con el aceite de oliva.
- Añadimos los garbanzos ya cocidos, las hojas de espinacas tiernas, los piñones y las pasas.
- Lo sofreímos unos minutos más.

IDEAS PRÁCTICAS

* Para hacer el plato más bajo en calorías, podemos eliminar los piñones y las pasas, que, aunque tienen propiedades cardiosaludables, son alimentos altamente energéticos.

* Una alternativa es no cocer las hojas tiernas de las espinacas y elaborar una versión más veraniega haciendo una ensalada de garbanzos y espinacas. En ese caso, podríamos aliñarla con una vinagreta casera que incorporara la cebolla tierna.

SABER MÁS

📍 Las espinacas poseen cantidades elevadas de provitamina A y de vitaminas C y E, todas ellas de acción antioxidante. Además, son ricas en glutatión, ácido ferúlico, ácido cafeico, ácido betacumárico y carotenoides como la luteína y la zeaxantina, también con acción antioxidante. Se sabe que es la modificación del llamado "colesterol malo" o colesterol-LDL la que desempeña un papel fundamental en el inicio y el desarrollo de la arteriosclerosis. Los antioxidantes bloquean los radicales libres que modifican las lipoproteínas. Asimismo, son muy buena fuente de fibra.

📍 El ajo tiene efecto vasodilatador, aumenta el diámetro de los vasos sanguíneos, por lo que la sangre fluye con más facilidad y disminuye la presión, con lo que mejora la circulación sanguínea. Asimismo, el consumo habitual de ajos ha demostrado efectos beneficiosos en el tratamiento de la hipercolesterolemia y los niveles altos de triglicéridos, ya que permite la reducción del nivel de lípidos en sangre. Además, el ajo es reconocido por su efecto diurético, de ahí que su consumo habitual sea muy recomendable en caso de hipertensión y riesgo cardiovascular.

📍 Los garbanzos son leguminosas, ricos en fitoquímicos y fibra, que están implicados de manera directa en la reducción del colesterol plasmático y en la prevención de la formación de placa de ateroma.

PATATAS VIUDAS

INGREDIENTES

1/2 kg de patatas

1/2 kg de nabos

3 dientes de ajo

2 cebollas

4 tomates maduros

1/2 vasito de vino tinto

3 cucharadas de aceite de oliva

1 hoja de laurel

2 ramas de perejil

30 g de almendras tostadas

1/2 l de caldo de verduras

ELABORACIÓN

• Pelamos y cortamos pequeños el ajo, la cebolla y los tomates.

• En una cazuela de barro, lo sofreímos con el aceite de oliva.

• Añadimos el vino y lo dejamos reducir.

• Pelamos las patatas y los nabos, los cortamos a trozos y los añadimos al sofrito.

• Añadimos el caldo de verduras y la hoja de laurel y lo cocemos tapado hasta que las patatas estén blandas, salando a media cocción.

• Picamos las almendras y el perejil con un poco de caldo.

• Añadimos la picada a las patatas y los nabos y lo cocemos unos minutos más.

IDEAS PRÁCTICAS

* Si añadimos unos tacos de lomo de atún o de pechuga de pavo al plato, lo convertimos en un plato único muy completo.

* Es una receta también apta para *tupper*.

SABER MÁS

⚲ Los nabos son ricos en vitamina C y compuestos de azufre considerados como potentes antioxidantes de efectos beneficiosos para la salud. Los antioxidantes bloquean el efecto dañino de los radicales libres que potencian la oxidación del colesterol.

⚲ La patata está compuesta principalmente por hidratos de carbono. La mayor parte de sus carbohidratos son almidón. Una parte de este almidón no se digiere bien y tiene los mismos efectos beneficiosos que la fibra alimentaria, como disminuir las concentraciones de colesterol y triglicéridos en sangre. Además, contienen unos compuestos fitoquímicos, como los carotenoides y los polifenoles, que reducen el riego de enfermedades cardiovasculares.

⚲ Las cebollas contienen fibra, compuestos azufrados, vitamina C y E y flavonoides, entre los que destacan la quercetina y las antocianinas. Todos estos compuestos tienen acción antioxidante, bloquean la acción de los radicales libres, evitan la oxidación del colesterol-LDL y reducen el riesgo de arteriosclerosis.

⚲ El vino tinto es también rico en antioxidantes, de los que destaca el resveratrol, con acción protectora frente a las enfermedades cardiovasculares. Además, estudios recientes han detectado la presencia de unas sustancias llamadas *saponinas* en el vino tinto. Éstas actuarían secuestrando los ácidos biliares, uniéndose al colesterol e impidiendo que éste se absorba, por lo que favorecen la eliminación del colesterol de la dieta por las heces. Es decir, aumentan la excreción de colesterol por las heces y disminuyen sus niveles sanguíneos.

SOPA DE CALABAZA

INGREDIENTES

1 l de caldo de pollo desgrasado

500 g de calabaza

100 g de fideos de cabello de ángel

100 g de arroz integral

Sal

ELABORACIÓN

- Hervimos el arroz integral durante una media hora en agua. Lo escurrimos y lo reservamos.
- Pelamos la calabaza y la cortamos a dados pequeños.
- Llevamos el caldo a ebullición y añadimos los dados de calabaza.
- Incorporamos los fideos y el arroz integral que hemos cocido anteriormente y lo hervimos unos 10 minutos más hasta que estén hechos.
- Lo rectificamos de sal.

IDEAS PRÁCTICAS

* Añadiendo pollo troceado a la sopa haremos un plato completo ideal para una cena (podemos aprovechar el pollo del caldo).

SABER MÁS

♥ La calabaza es buena fuente de fibra, tiene valor saciante y mejora el tránsito intestinal por la alta presencia de mucílagos. Éstos son un tipo de fibra soluble que tiene la capacidad de suavizar las mucosas del tracto gastrointestinal y reducir la absorción de colesterol a nivel intestinal. En relación con las vitaminas, la calabaza es rica en betacaroteno o provitamina A y vitamina C. Presenta cantidades apreciables de vitamina E, folatos y otras vitaminas del grupo B, como B1, B2, B3 y B6. El betacaroteno, como sustancia de acción antioxidante, igual que las vitaminas E y C, neutraliza los radicales libres, por lo que el consumo frecuente de calabaza contribuye a reducir el riesgo de enfermedades cardiovasculares.

♥ El arroz integral es rico en fitosteroles y fibra, con capacidad reductora de la absorción del colesterol de los alimentos.

MACARRONES CON BRÉCOL

INGREDIENTES

1 brécol

300 g de macarrones integrales

200 g de fiambre de pavo cortado a tacos

200 g de requesón

3 dientes de ajo

1 hoja de laurel

1 dl de vino blanco

Aceite de oliva

Sal

Pimienta

ELABORACIÓN

- Hervimos el brécol cortado a brotes durante unos 10 minutos.
- Hervimos los macarrones hasta que queden *al dente*.
- Pochamos dos dientes de ajo y la hoja de laurel en aceite de oliva. Añadimos el brécol y lo salteamos unos minutos. Añadimos el requesón desmenuzado.
- Picamos el tercer diente de ajo, lo pochamos en una sartén y añadimos los tacos de fiambre de pavo. Añadimos el vaso de vino blanco y lo dejamos reducir.
- Mezclamos los macarrones con el brécol, el requesón y el pavo y lo salpimentamos.

IDEAS PRÁCTICAS

* Una manera de adaptar una receta de macarrones tradicional:

– La pasta integral.

– En lugar de salchicha de cerdo, fiambre de pavo.

– En lugar de queso graso, requesón, pobre en grasa.

– Añadimos verdura para aumentar la fibra y los antioxidantes.

* Este plato podría utilizarse perfectamente como un plato único, ya que aporta todos los macronutrientes necesarios, incluyendo féculas, alimentos proteicos, lácteos y verduras.

SABER MÁS

📍 El brécol, y en general las verduras de la familia de las coles, son las más ricas en vitamina C y ácido cítrico, que potencia la acción beneficiosa de dicha vitamina. Además, son consideradas como una fuente excelente de antioxidantes naturales.

📍 La pasta integral aporta hidratos de carbono con índice glucémico bajo y fibra, que disminuye los niveles de absorción del colesterol de la dieta.

📍 El pavo es una carne con poco contenido graso y proteínas de alto valor biológico.

📍 El requesón también aporta proteínas de alto valor biológico con poca grasa.

8 ▶ RECETAS DE **SEGUNDOS PLATOS**

Recetas de carne, pescado o huevos idóneas para segundo plato de toda la familia.

ATÚN CON CEBOLLA

INGREDIENTES

4 filetes de atún de unos 150 g cada uno

2 cebollas

2 hojas de laurel

2 dientes de ajo

1 vaso de leche desnatada

1 vaso de vino blanco

Aceite de oliva

ELABORACIÓN

- Salamos los filetes de atún y, en una fuente para horno, los cubrimos con la leche desnatada.
- Cortamos la cebolla en juliana y la pochamos en el aceite de oliva.
- A media cocción, añadimos los dientes de ajo cortados a láminas y las hojas de laurel.
- Lo dejamos cocer unos 10 minutos.
- Añadimos el vino blanco y lo dejamos reducir a la mitad.
- Añadimos el sofrito al atún.
- Lo cocemos en el horno durante unos 15 minutos.

IDEAS PRÁCTICAS

* Este plato puede congelarse y conserva todas sus propiedades.

* El atún es más sabroso si no está muy cocido. Es mejor dejarlo un punto crudo.
* Ideal también para *tupper*, ya que el atún no se reseca y se conserva jugoso.

SABER MÁS

📍 La carne del atún posee un 12% de grasa, lo que lo convierte en un pescado azul rico en ácidos grasos omega-3, que disminuyen los niveles de colesterol y de triglicéridos en sangre y tienen efecto antiagregante plaquetar, lo que protege contra la formación de la placa de ateroma. Es el pescado habitual en la dieta que posee más contenido en proteínas de alto valor biológico, superior incluso a las carnes.

DORADA A LA SAL

INGREDIENTES

1 dorada de 1,5 kg

3 kg de sal gorda

3 cucharadas de aceite de oliva

1 pimiento rojo

1 berenjena

ELABORACIÓN

- Colocamos la dorada limpia en una fuente para horno con un lecho de sal gorda.
- La cubrimos con el resto de la sal gorda hasta que quede una cubierta compacta.
- La cocemos en el horno a 250 ºC media hora.
- Asamos el pimiento y la berenjena en horno medio, los cortamos a tiras y los aliñamos con sal y aceite de oliva.
- Rompemos la costra de sal y limpiamos la dorada haciendo filetes.
- Servimos los filetes con un poco de pimiento y berenjena asados y aliñados con un chorrito de aceite de oliva virgen.

IDEAS PRÁCTICAS

* El pimiento y la berenjena asados son un acompañamiento opcional. Pueden sustituirse por otro u obviarse.

* La cocción a la sal hace de éste un plato muy sabroso, ya que el pescado conserva todas sus propiedades saporíferas, y es muy poco calórico.

SABER MÁS

La dorada, por su contenido moderado de grasa, es un pescado semigraso, y la grasa que contiene es de la familia omega-3. Es, por lo tanto, de bajo aporte energético, por lo que si se cocina de manera sencilla y con poca grasa su consumo es adecuado en dietas de control de peso. Destaca su contenido modesto en proteínas de alto valor biológico. Coincide con otros pescados semigrasos como el besugo o el cabracho en su contenido moderado de vitaminas liposolubles, A y E, que se acumulan en su hígado y músculo.

⚲ El principal componente del pimiento es el agua, lo que hace que sea una hortaliza con poco contenido calórico. Es también una buena fuente de fibra, que, a nivel intestinal, disminuye la absorción de colesterol de la dieta. Apenas aporta grasas y es muy rico en vitamina C, sobre todo el de color rojo. Es también fuente de carotenos, destacando la capsantina. Son potentes antioxidantes que ayudan al organismo a bloquear los radicales libres. La relación entre antioxidantes y la prevención de enfermedades cardiovasculares es clara. También destaca su contenido en criptoxantina y betacarotenos, precursores de la vitamina A y la vitamina E.

⚲ La berenjena tiene una cantidad menor de fibra, comparada con otras verduras. Ésta se encuentra sobre todo en la piel y las semillas. Se ha identificado en esta verdura uno de los antioxidantes más potentes producidos en los tejidos de las plantas: el ácido clorogénico. En su piel encontramos también antocianinas, flavonoides con propiedades antioxidantes también responsables de su color característico. El papel protector de los antioxidantes frente a las enfermedades cardiovasculares hace de esta verdura un alimento especialmente interesante en la dieta.

TORTILLA DE SETAS

INGREDIENTES

2 huevos enteros

4 claras de huevo

200 g de setas variadas

1 diente de ajo

Perejil

Aceite de oliva

ELABORACIÓN

- Limpiamos las setas y las secamos lo máximo posible. Si son grandes, las cortamos en trocitos.
- Las salteamos en una sartén con un poco de aceite de oliva, el ajo y el perejil picado.
- Batimos los huevos enteros con las claras.
- Añadimos las setas al huevo y hacemos la tortilla en una sartén antiadherente con un poco de aceite de oliva.

IDEAS PRÁCTICAS

* Para aligerar el plato y minimizar el uso de aceite, podemos cuajar la tortilla en un molde pastelero en el horno o en el microondas

* Las setas pueden ser frescas o podemos utilizar setas congeladas o en conserva.

* La misma receta puede servir para elaborar tortillas con otras verduras: alcachofas, espinacas, calabacín, ajos tiernos, etc.

SABER MÁS

El huevo es un alimento de riqueza incomparable. Si a veces tiene mala reputación, sus ventajas compensan los inconvenientes que presenta y es un alimento que puede incluirse, aunque con moderación, en una dieta de control de colesterol. La clara contiene proteína muy completa que le confiere un valor biológico excelente. Las grasas se encuentran únicamente en la yema. Están compuestas en gran parte por lecitina, aunque también tienen colesterol en cantidades importantes (unos 270 mg por unidad). Por ese motivo, el consumo de yemas debe estar limitado en dietas hipocolesterolemiantes. En esta receta hemos reducido las yemas a 2 para 4 personas.

📍 Una de las características de las setas es su bajo aporte energético, por lo que son un alimento ideal para incorporar en una dieta en la que sea necesario el control de peso. Son ricas en fibra, que disminuye la absorción de colesterol de la dieta, con lo que se complementan muy bien con el huevo.

📍 Los huevos son alimentos que contienen colesterol. Sin embargo, diferentes estudios han demostrado que su ingesta no eleva de manera relevante los niveles de colesterol en sangre. El huevo contiene unas sustancias que bloquean la absorción del colesterol. Por lo tanto, es una alimento que, consumido con moderación, puede incluirse en una dieta contra el colesterol.

BACALAO CON PIMIENTOS

INGREDIENTES

600 g de bacalao

Harina de trigo

3 pimientos rojos

Pimentón

Ajo picado

Perejil picado

Sal

Aceite de oliva

ELABORACIÓN

- Desalamos el bacalao hasta su punto de sal.
- Lo enharinamos y lo freímos con aceite de oliva hasta que quede tostado.
- Colocamos el bacalao en una fuente de horno.
- Lo salpimentamos con pimentón, ajo picado y perejil picado.
- Cortamos el pimiento rojo a tiras anchas y lo pochamos con un poco de aceite de oliva.
- Colocamos las tiras de pimiento encima del bacalao y lo regamos con un poco del aceite sobrante.
- Lo horneamos unos 5 minutos en modo grill y lo servimos.

IDEAS PRÁCTICAS

* Si utilizamos bacalao ya desalado, la elaboración del plato será más rápida.
* Para aligerar el plato podemos cocer el bacalao directamente al horno en lugar de freírlo y asar el pimiento también al horno en lugar de pocharlo.

SABER MÁS

📍 El bacalao es un pescado blanco y, por tanto, posee un bajo contenido graso. Almacena sus reservas de grasa preferentemente en el hígado. Su carne es rica en proteínas de alto valor biológico. Además, posee una amplia variedad de vitaminas y minerales entre las que destacan las del grupo B, principalmente B1, B2, B6 y B9.

- Los pimientos son una buena fuente de selenio y de vitaminas C y E, provitamina A y otros carotenoides, como la capsantina, todas ellas de acción antioxidante y beneficiosas para la prevención de enfermedades cardiovasculares.

- La cocción en fritura es la menos sana de los procedimientos de cocción. Consiste en sumergir un alimento en aceite caliente. Para hacer alimentos fritos lo más adecuados posible, es importante que el aceite esté suficientemente caliente, aproximadamente a 180 ºC, pero sin que llegue a humear. Es importante también que haya suficiente cantidad de aceite. Al contrario de lo que podría pensarse, si freímos con poco aceite el alimento se impregna de grasa. De esta manera, la superficie del alimento se carameliza rápidamente y se limitan las pérdidas nutritivas.

FRICANDÓ DE TERNERA

INGREDIENTES

500 g de ternera cortada a bistecs finos

Harina de trigo

2 cebollas

300 g de setas

1 chorro de *brandy*

1 copa de vino blanco

20 g de almendras

1 rebanada de pan tostado

1 diente de ajo

Aceite de oliva

ELABORACIÓN

• Salpimentamos y enharinamos los bistecs de ternera.

• Sofreímos la cebolla picada hasta que caramelice.

• Añadimos la carne y la cocemos unos minutos.

• Vertemos un chorro de *brandy* y lo dejamos reducir.

• Añadimos una cucharada de pimienta roja y el vaso de vino blanco. Lo volvemos a reducir.

• Añadimos las setas y lo cubrimos con agua.

• Lo cocemos tapado a fuego suave una hora. Añadimos más agua si es necesario.

• Picamos las almendras, la rebanada de pan tostado y el diente de ajo y lo añadimos diez minutos antes de terminar la cocción.

IDEAS PRÁCTICAS

* Ésta es una receta de siempre que puede incluirse en una dieta de control del colesterol si se consume de forma moderada.

* Es recomendable prepararla un día antes de su consumo y guardarla en frío. De esta manera, la grasa se solidificará, quedará concentrada en la superficie de la salsa y podremos desgrasarla fácilmente.

SABER MÁS

⚲ La carne de ternera es carne roja y, por lo tanto, rica en triglicéridos y ácidos grasos saturados. Por eso es importante elegir los trozos más magros. Sin embargo, aporta proteínas de muy alta calidad y hierro. Es importante eliminar la grasa de cobertura antes de iniciar la cocción.

⚲ Las setas y las cebollas aportan fibra al plato, lo que "aligera" la receta.

⚲ Las almendras aportan ácidos grasos insaturados al plato, igual que el aceite de oliva.

LASAÑA DE SALMÓN CON VERDURAS

INGREDIENTES

600 g de salmón cortado a escalopas finas

200 g de champiñones

2 calabacines

1 pimiento rojo

Un poco de albahaca fresca

Zumo de medio limón

1 ramita de hinojo fresco

Aceite de oliva

Sal

ELABORACIÓN

- Maceramos el salmón con aceite de oliva, el zumo de medio limón y el hinojo picado durante 2 h en la nevera.
- Limpiamos y cortamos a dados los champiñones, el pimiento y el calabacín.
- Lo salteamos por separado con un poco de aceite de oliva.
- En una fuente de horno, disponemos una capa de champiñones, una capa de escalopes de salmón, una capa de calabacín, otra capa de salmón, una capa de pimiento y acabamos con otra capa de salmón.
- Lo cocemos a 180 ºC unos 7 minutos.
- Lo aliñamos con aceite de oliva y albahaca picada.

IDEAS PRÁCTICAS

* Una manera diferente de comer el salmón con verduras.
* Podemos sustituir el salmón fresco por láminas de salmón ahumado. Nos ahorramos la cocción al horno y convertimos el plato en una receta fría.

SABER MÁS

♀ El salmón es un pescado azul o graso que aporta unos 11 gramos de grasa por cada 100 gramos de carne. La grasa es rica en omega-3, que contribuye a disminuir los niveles de colesterol y triglicéridos plasmáticos, y además aumenta la fluidez de la sangre, lo que previene la formación de coágulos o trombos. La dieta occidental actual es desproporcionadamente más rica en ácidos grasos omega-6 que en ácidos grasos omega-3. Las recomendaciones nutricionales van encaminadas a incrementar la ingesta de grasas de tipo omega-3 para restablecer este equilibrio. El pescado azul, incluido el salmón, es un alimento rico en este tipo de grasas, por lo que es recomendable para toda la población, pero especialmente para las personas con un riesgo elevado de desarrollar enfermedades cardiovasculares. El consumo de ácidos grasos omega-3, y en particular de ácido eicosapentanoico (EPA) y ácido docosahexaenoico (DHA), reduce el riesgo de padecer este tipo de enfermedades.

♀ Los champiñones, el calabacín y el pimiento aportan fibra soluble y antioxidantes que redondean el plato y lo hacen muy cardiosaludable.

CONEJO CON ALCACHOFAS

INGREDIENTES

1 conejo cortado a octavos

1 diente de ajo

500 g de alcachofas

4 anchoas en aceite

1/2 litro de caldo de carne o ave

Aceite de oliva

Sal y pimienta

ELABORACIÓN

• Salpimentamos los trozos de conejo y los doramos en aceite de oliva en una cazuela.

• Los retiramos y los reservamos.

• En el mismo aceite, sofreímos el ajo triturado y las anchoas deshechas.

• Añadimos las alcachofas cortadas a cuartos.

• Añadimos el conejo.

• Lo cubrimos con el caldo y lo dejamos cocer a fuego suave durante una hora.

IDEAS PRÁCTICAS

* Si complementamos el plato con un poco de arroz o pasta integral, lo convertimos en un completo y magnífico plato único.

* La misma receta resulta también muy apetitosa si sustituimos el conejo por pollo o pavo.

* Es una receta también apta para *tupper*.

SABER MÁS

♥ La carne de conejo es muy pobre en grasa y beneficia el control del colesterol. Además, la mayor parte de la grasa de esta carne se localiza en su piel, por lo que si se elimina al cocinarla el alimento reduce su aporte calórico.

♀ La alcachofa es rica en fibra y en antioxidantes, entre los que destaca el ácido clorogénico. Además, posee esteroles, sustancias vegetales con semejanza química al colesterol animal con capacidad para limitar la absorción de colesterol en el intestino, ya que "compite" con él.

♀ El conejo forma parte del grupo de las carnes blancas, por lo que es un alimento de elección en las dietas para control de peso y bajas en grasa, especialmente si se cocina sin exceso de grasas. Su carne, bien cocinada, resulta blanda y fácil de masticar, aunque suele ser un poco más difícil de digerir debido a su alta concentración de fibras musculares. Es poco rico en sodio, por lo que resulta adecuada en caso de hipertensión arterial, siempre que no nos excedamos con la sal de adición.

♀ Las anchoas son pescados grasos. Contienen unos 6 g de grasa por cada 100 g. Ésta es rica en ácidos grasos omega-3, que ayudan a disminuir los niveles de colesterol y triglicéridos en sangre y previenen la formación de trombos. Además, son una buena fuente de proteínas de alto valor biológico y, al consumirse enteras, son también una buena fuente de calcio, ya que se aprovechan las espinas. En su contra, poseen cantidades elevadas de sodio, al estar en conserva, por lo que debemos consumirlas de forma moderada en casos de tensión arterial elevada.

♀ Las alcachofas son un alimento muy adecuado para el control del colesterol. Su fibra forma geles viscosos en el intestino que "atrapan" las grasas y el colesterol e impiden su absorción. Además, contienen esteroles que disminuyen, también, la absorción del colesterol de la dieta. Varios de sus componentes provocan también un aumento de la secreción de bilis e inhiben la producción de colesterol endógeno por el hígado.

POLLO AL AJILLO

INGREDIENTES

600 g de pollo cortado a octavos

4 dientes de ajo

1 vasito de vino blanco

2 hojas de laurel

Sal

Pimienta negra

4 cucharadas de aceite de oliva

ELABORACIÓN

- Sofreímos el pollo con el aceite de oliva y los dientes de ajo sin pelar y un poco chafados.
- Lo salpimentamos.
- Añadimos el vaso de vino blanco y las hojas de laurel y lo dejamos reducir a fuego lento.

IDEAS PRÁCTICAS

* Es un plato muy sencillo pero muy sabroso.
* Para reducir la cantidad de aceite, podemos cocer el pollo al horno y/o sustituir parte del aceite por caldo de pollo.
* Si eliminamos la piel y la grasa visible del pollo, reduciremos también las calorías y el contenido en grasas saturadas del plato, lo que aumentará su idoneidad para las personas con colesterol alto.

SABER MÁS

La carne de pollo es una de las más saludables. El principal componente de la carne de pollo es el agua, que representa del 70% al 75% del total; las proteínas suponen entre el 20% y el 22% y, por último, la grasa, entre el 3% y el 10%. En su composición también figuran cantidades importantes de minerales, como hierro, zinc, magnesio, selenio, cobalto y cromo, y vitaminas como tiamina, niacina, retinol y vitaminas B6 y B12. Por su bajo contenido en colesterol, excepto la piel, puede ser consumido por personas con problemas de dislipemias.

📍 Las propiedades salutíferas del ajo se deben a los compuestos sulfurados presentes en su composición. El consumo habitual de ajo ha demostrado efectos beneficiosos en el tratamiento de la hipercolesterolemia y los niveles altos de triglicéridos, ya que permite la reducción del nivel de lípidos en sangre.

📍 El laurel tiene propiedades digestivas importantes. En su composición encontramos diferentes ácidos orgánicos, ácidos grasos insaturados, antioxidantes y sustancias de acción bactericida. Tiene propiedades estimulantes del apetito, debidas al cineol y el eugenol, capacidad para reducir la formación de gases a nivel intestinal y funciones protectoras del hígado. Estimula la producción y la secreción de bilis, lo que aumenta la excreción de colesterol y la digestión de las grasas.

📍 Los compuestos polifénolicos de la uva se encuentran en su piel y en las pepitas, y su concentración es bastante baja en la pulpa. Esto explica por qué el vino blanco, que se elabora sin las semillas y la piel, tiene un efecto cardiosaludable mucho menor que el vino tinto. Sería una alternativa para aumentar las ventajas de esta receta sustituir el vino blanco por vino tinto, muy rico en resveratrol.

CROQUETAS DE POLLO

INGREDIENTES

500 ml de leche desnatada

125 g de harina

2 yemas de huevo

5 claras de huevo

450 g de carne de pollo (asado o hervido)

1 cebolla mediana

Pan rallado

Aceite de oliva virgen extra

Sal

Pimienta blanca

Nuez moscada

ELABORACIÓN

- Picamos la cebolla y la sofreímos con un poco de aceite de oliva hasta que quede bien dorada.
- Incorporamos la carne de pollo picada y la cocemos un momento. Reservamos.
- Ponemos el aceite de oliva (unas 6 cucharadas) en un cazo y lo calentamos. Añadimos la harina y la dejamos cocer unos segundos. Añadimos la leche caliente lentamente mientras removemos, a fuego suave.
- Una vez hecha la bechamel *light*, incorporamos la carne del pollo y la salpimentamos con un poco de nuez moscada.
- Incorporamos las yemas.
- Colocamos la mezcla en una fuente para que se enfríe.
- Una vez fría, damos forma a las croquetas y las pasamos por harina, clara de huevo batida y pan rallado.
- Las freímos en aceite de oliva bien caliente y las escurrimos en un papel absorbente.

IDEAS PRÁCTICAS

* Una manera de aligerar en grasas saturadas una receta de siempre para poderla introducir en la dieta de control del colesterol:

– Reducir las yemas de huevo, rebozando únicamente con clara de huevo.

– Utilizar leche desnatada.

– Hacer la bechamel con aceite de oliva.

SABER MÁS

♀ La fritura aumenta mucho el contenido graso de un plato. Para minimizar la absorción de grasa cuando freímos, es importante:

– Que el aceite esté suficientemente caliente.

– Que el aceite sea suficiente en cantidad, ya que si hay poco el alimento se impregna de grasa.

– Secar el alimento con papel absorbente después de la cocción.

CABALLA EN ESCABECHE

INGREDIENTES

1 kg de caballa

1 cebolla

1 zanahoria

8 dientes de ajo

1 rama de romero

1 hoja de laurel

4 cucharadas de vinagre de vino

3 cucharadas de aceite de oliva virgen

Sal

ELABORACIÓN

- Pelamos y cortamos a láminas finas la cebolla, los dientes de ajo y la zanahoria.
- Lo pochamos en una cazuela con aceite de oliva, el vinagre, el romero y el laurel.
- Añadimos la caballa limpia, sin espinas y a filetes.
- Lo cocemos durante unos 10-15 minutos a fuego lento.

IDEAS PRÁCTICAS

* Este plato mejora si se deja reposar unas horas.

* En la nevera puede conservarse algunos días sin perder calidad.

* Puede usarse también como aperitivo o pica-pica.

* Es un plato ligero con bajo contenido calórico.

SABER MÁS

♦ La caballa se encuadra dentro del grupo de los pescados azules debido a su contenido graso. En concreto, 100 gramos de porción comestible de este pescado aportan 10 gramos de grasa. Sin embargo, esta grasa es rica en ácidos grasos omega-3, que contribuyen a disminuir los niveles de colesterol y de triglicéridos en sangre y reducen el riesgo cardiovascular.

♦ La zanahoria, rica en carotenoides y vitamina C; la cebolla, rica en quercetina, y el ajo aportan fibra y antioxidantes a la receta.

9 COMIDAS ESPECIALES PARA CELEBRACIONES

Recetas de platos un poco más elaborados pensadas para comidas puntuales en que celebramos algún acontecimiento, o para fines de semana o extras. Cómo compaginar salud y placer en el plato.

TÁRTARO DE BONITO

INGREDIENTES

400 g de lomo de bonito

50 g de cebolla tierna

15 g de alcaparras

15 g de pepinillos en vinagre

3 cucharadas de aceite de oliva

1 cucharada de zumo de limón

1 cucharada de mostaza

Sal

Pimienta blanca

Tabasco

ELABORACIÓN

- Picamos el lomo de bonito, sacando los posibles filamentos.
- A parte, picamos la cebolla tierna, las alcaparras y los pepinillos bien finos.
- Batimos el zumo de limón, la mostaza y el aceite de oliva. Añadimos la picada anterior.
- Mezclamos la carne de bonito con el zumo resultante. Lo salpimentamos y añadimos unas gotas de tabasco al gusto.
- Formamos 4 tártaros y los servimos con tostaditas muy finas.

IDEAS PRÁCTICAS

* En esta receta el bonito se consume en crudo, por lo que sería mejor congelar antes el lomo para asegurarnos que no contenga parásitos vivos (anisakis).

* La misma receta podría elaborarse con otro pescado azul, como el salmón.

SABER MÁS

♥ El bonito es un pescado graso. Su grasa es rica en ácidos grasos omega-3, que contribuyen a disminuir los niveles de colesterol y de triglicéridos en sangre, además de hacer la sangre más fluida, lo que rebaja el riesgo de formación de coágulos o trombos. Colabora así en la reducción del riesgo de enfermedades cardiovasculares. También posee vitaminas liposolubles, como la A, antioxidante, y la D, que se acumulan de manera principal en sus vísceras (hígado, sobre todo) y en el músculo.

♥ El resto de ingredientes (cebolla tierna, pepinillos, alcaparras) son muy poco calóricos, con lo que es un plato poco calórico y apto para personas que deban mantener o bajar su peso. Aportan fibra y antioxidantes, con función cardioprotectora.

CARPACCIO DE ATÚN CON VINAGRETA DE ANCHOAS Y ACEITUNAS

INGREDIENTES

400 g de lomo de atún

1 dl de aceite

1 cc de vinagre agridulce

4 filetes de anchoas en aceite

50 g de aceitunas negras

Sal

Cebollino

ELABORACIÓN

- Limpiamos el lomo de atún de tendones, piel y la parte negra. Lo envolvemos en film transparente y lo congelamos.
- Preparamos una vinagreta con el aceite, el vinagre y las anchoas. Lo trituramos y lo mezclamos con las aceitunas troceadas pequeñas.
- Cortamos el lomo de atún a láminas bien finas (ideal con la máquina de cortar embutido).
- Colocamos las láminas de atún en el plato y las aliñamos con la vinagreta, un poco de sal y el cebollino picado.

IDEAS PRÁCTICAS

* Con la misma técnica podemos elaborar *carpaccios* de otros pescados azules, como salmón o bonito, de pescados blancos, como bacalao, o de mariscos, como gambas o cigalas.
* También con la vinagreta podemos hacer variaciones, incorporando ingredientes como la mostaza, la salsa de soja, confitura de frutos rojos, mermelada de tomate, etc.
* Como acompañamiento, dados de tomate maduro, rúcula o incluso setas podrían ser una buena opción.

SABER MÁS

📍 El atún forma parte también de la familia de los pescados azules, fuente de omega-3, muy beneficiosa para la salud cardiovascular.

📍 Las anchoas, también pescado azul, y las aceitunas, muy ricas en ácido oleico, poseen también ácidos grasos con un efecto protector contra la arteriosclerosis.

📍 Los polifenoles de las aceitunas ayudan también a reducir el colesterol "malo" y protegen contra la oxidación de las LDL, factor que favorece la formación de la placa de ateroma.

📍 Las aceitunas protegen de la oxidación a las lipoproteínas de baja densidad ("colesterol malo") y evitan su acúmulo en la pared de las arterias que provoca la placa de ateroma. Por el contrario, al ser un producto que se conserva en salmuera, contienen gran cantidad de sal. Para hacernos una idea, 100 g de aceitunas (unos 3 puñados) contienen unos 2-3 g de sodio, la cantidad máxima recomendada al día por la OMS. Se puede reducir su contenido en sodio si se dejan en remojo unas 12 horas como mínimo, cambiando el agua 2 o 3 veces.

CARPACCIO DE MANITAS DE CERDO

INGREDIENTES

2 manitas de cerdo

1/2 cebolla

1/2 zanahoria

40 g de judías secas cocidas

200 g de setas variadas

1/2 cucharada de vinagre de vino

4 cc de aceite de oliva

3 clavos de olor

Sal gorda

Pimienta negra

Cebollino picado

1 hoja de laurel

Un puñado de piñones tostados

ELABORACIÓN

- Hervimos las manitas de cerdo con la cebolla, los clavos, la zanahoria y una hoja de laurel.
- Deshuesamos las patas y las envolvemos en forma de cilindro con papel film.
- Las congelamos.
- Limpiamos las setas, las cortamos a dados y las pochamos con el aceite de oliva a fuego muy suave durante unas 2 horas. Las enfriamos y añadimos el vinagre.
- Cortamos las manitas de cerdo a láminas muy finas (mejor con la máquina de cortar embutido).
- Colocamos las láminas en un plato, con un flan de judías secas en el centro.
- Lo aliñamos con la vinagreta de setas, unos piñones tostados, un poco de sal gorda y el cebollino picado.

IDEAS PRÁCTICAS

* En el mercado podemos encontrar manitas de cerdo ya hervidas e incluso deshuesadas, lo que facilitará la elaboración de la receta.

* La textura de la pata de cerdo combina muy bien con la de las setas. Sin embargo, podemos hacer variaciones a la vinagreta de setas y elaborarla con frutos rojos, como frambuesas o arándanos, dando una personalidad muy diferente al plato.

* La cebolla caramelizada también puede ser un buen acompañamiento para este plato.

SABER MÁS

📍 El piñón contiene ácidos grasos mono y poliinsaturados, con efectos beneficiosos sobre el colesterol sanguíneo.

📍 Las judías secas son legumbres, Algunos fitoquímicos de las leguminosas están implicados de forma directa en la reducción del colesterol sérico y en la prevención de la formación de la capa de ateroma que degenera en enfermedades cardiovasculares. Las lecitinas favorecen el transporte de colesterol sanguíneo y su metabolismo y reducen así el riesgo de acumulación en las paredes de las arterias. Las saponinas disminuyen la absorción de colesterol en el tracto digestivo, por lo que su aportación también es beneficiosa. Además, las legumbres tienen fibra soluble, que contribuye a disminuir la tasa de absorción de colesterol.

📍 Las manitas de cerdo son ricas en proteínas y pobres en grasas, y, de éstas, la mayoría son de tipo insaturado, con un efecto beneficioso para los niveles de colesterol en sangre.

ENSALADA DE REMOLACHA, MELÓN Y BOQUERONES

INGREDIENTES

200 g de mezclum de lechugas (lechugas variadas)

2 remolachas cocidas

200 g de melón de pulpa amarilla (Cantalupo)

12 boquerones en vinagre

Aceite de oliva

Sal

ELABORACIÓN

• Limpiamos las lechugas.

• Cortamos una remolacha, la cubrimos con aceite de oliva virgen extra y añadimos un poco de sal. Lo batimos hasta conseguir un puré fino.

• Cortamos el melón y la otra remolacha a dados.

• Mezclamos los ingredientes con los boquerones.

• Lo aliñamos con la salsa de remolacha.

IDEAS PRÁCTICAS

* Es un plato de contrastes dulce-salado sencillo y original.

* Sería una buena opción como receta para *tupper*.

SABER MÁS

♀ La remolacha contiene pigmentos llamados *antocianinas*, de acción antioxidante y que le dan su color característico. Los antioxidantes bloquean el efecto dañino de los radicales libres sobre el colesterol-LDL, evitando su oxidación.

♀ El melón de pulpa naranja es muy rico en betacarotenos y vitamina C, también potentes antioxidantes que previenen la enfermedad cardiovascular evitando la acción de los radicales libres sobre el colesterol. Además, es muy bajo en grasa y poco calórico.

♀ El boquerón es un pescado azul, rico en ácidos grasos omega-3, con efecto reductor del colesterol sanguíneo y antiagregante plaquetario.

FLORES DE CALABACÍN RELLENAS DE BACALAO

INGREDIENTES

4 flores de calabacín

200 g de bacalao remojado y desalado

1 patata

100 g de requesón

2 tomates maduros

1/2 vaso de vino blanco

Aceite de oliva

1 cucharada de harina

1 cucharadita de levadura

Sal

Pimienta blanca

ELABORACIÓN

- Ponemos a hervir el bacalao cubierto de agua y con medio vaso de vino blanco durante unos 5 minutos. Lo escurrimos y lo reservamos.
- Rallamos el tomate y lo pochamos con un poco de aceite de oliva.
- Hervimos la patata pelada y troceada.
- Mezclamos el bacalao con el tomate y la patata y lo trituramos hasta hacer una pasta.
- Rellenamos las flores de calabacín limpias con esta pasta.
- Mezclamos la harina, la levadura y el agua. Rebozamos las flores de calabacín en la mezcla y las freímos en aceite de oliva bien caliente. Las dejamos escurrir en papel de celulosa.

IDEAS PRÁCTICAS

* Es importante freír las flores con cuidado para evitar que se rompan.

* La fritura aumenta el contenido calórico y graso del plato, a pesar de que el aceite de oliva contiene grasas beneficiosas para el colesterol. Para minimizar la absorción de aceite durante la fritura, es importante que se haga con aceite abundante y suficientemente caliente, evitando que humee.

SABER MÁS

📍 La flor del calabacín, conocido también por su nombre italiano, *zucchino*, es muy empleada en la gastronomía mexicana e italiana y otras cocinas mediterráneas. Tiene cierto sabor dulzón y da un toque diferente a este plato.

📍 El bacalao es un pescado blanco, poco calórico y ligero.

📍 El tomate es rico en licopeno, un antioxidante protector frente a enfermedades cardiovasculares.

CREMA DE SETAS

INGREDIENTES

300 g de setas variadas

2 cucharadas de copos de avena

1 cebolla

1/4 de l de leche desnatada

Sal

Aceite de oliva

Pimienta blanca

ELABORACIÓN

- Lavamos las setas.
- Las hervimos en un cazo con agua.
- Picamos la cebolla y la sofreímos con aceite de oliva y sal.
- Cuando esté dorada, vertemos la cebolla en la olla con las setas y lo dejamos hervir unos 15 minutos más.
- Lo escurrimos y lo trituramos con la leche desnatada hasta que quede una crema.
- Añadimos los copos de avena para dar consistencia a la crema.
- La salpimentamos al gusto.

IDEAS PRÁCTICAS

* Una variación sería pochar directamente las setas con la cebolla y triturarlas con la leche desnatada una vez cocidas.
* Podemos usar setas de temporada o bien en conserva, desecadas o congeladas.
* La crema puede hacerse con una variedad de setas o con diferentes clases de setas mezcladas. Tendríamos crema de champiñones, crema de rebozuelos, etc.
* Es una buena manera de aprovechar las setas poco presentables estéticamente.

SABER MÁS

♀ Una de las características de las setas es su bajo aporte calórico, lo que las hace un alimento muy ligero. Además, son ricas en fibra soluble, que disminuye la absorción de colesterol de la dieta.

♀ La avena es un alimento con grandes ventajas para disminuir el colesterol sanguíneo. Contiene un conjunto de sustancias cuyo efecto ha demostrado la reducción de las tasas de colesterol plasmático: grasas insaturadas (no mucha cantidad, pero sí de buena calidad, como el ácido graso esencial linoleico), avenasterol, fibra y lecitina. El avenasterol es un fitosterol con capacidad de disminuir la absorción de colesterol en el intestino, al igual que la lecitina.

BULLABESA

INGREDIENTES

800 g de pescado variado: lubina, galeras, emperador, mejillones, rape, etc.

Pan tostado

2 dientes de ajo

2 cebollas

2 tomates

Azafrán

2 hojas de laurel

Pimienta negra

Aceite de oliva

ELABORACIÓN

• Hacemos un caldo con las cabezas del pescado y las galeras.

• Picamos la cebolla y la sofreímos con los tomates rallados.

• Colamos el caldo y lo añadimos al sofrito en una olla.

• Troceamos el pescado a trozos grandes y lo ponemos a hervir con el caldo de pescado durante 3-4 minutos.

• Colamos y reservamos el pescado.

• Volvemos a poner el caldo al fuego. Añadimos el azafrán, las hojas de laurel, pimienta negra y unos cuantos mejillones abiertos al vapor, sin la cáscara. Lo hervimos unos minutos más. Retiramos el laurel.

• Servimos las tostadas de pan untadas con ajo, los trozos de pescado y añadimos el caldo caliente.

IDEAS PRÁCTICAS

* Una receta tradicional que permite comer pescado de una manera diferente, sin aporte extra de grasas animales.

* Si utilizamos caldo de pescado ya elaborado, simplificamos la elaboración del plato.

* Para aligerar el plato, podemos elaborar el caldo de pescado con antelación para enfriarlo en la nevera y eliminar la capa superior de grasa.

SABER MÁS

♥ Las grasas del pescado son de tipo insaturado, con efecto beneficioso sobre los niveles de colesterol plasmático.

♥ A pesar de que el marisco tiene un contenido considerable en colesterol, los mariscos de concha, sobre todo el mejillón, contienen una cantidad de colesterol similar al resto de pescados.

ROSBIF DE ATÚN CON PERA

INGREDIENTES

1 kg de atún de una pieza

150 g de semillas de sésamo

1 clara de huevo

3 peras

2 cucharadas de miel

50 cc de vinagre balsámico

1 rama de menta

1 cucharada de aceite de oliva

Sal

ELABORACIÓN

- Limpiamos el trozo de atún de espinas y piel.
- Batimos la clara de huevo.
- Rebozamos el trozo de atún con la clara de huevo y las semillas de sésamo.
- Cocemos la pieza de atún rebozado en el horno a 200 ºC durante 20 minutos.
- Pelamos las peras, las cortamos a cuartos y las freímos con aceite de oliva.
- Añadimos la miel y el vinagre a la sartén y lo reducimos.
- Una vez reducido, añadimos las hojas de menta picada.
- Cortamos el atún a filetes delgados y los servimos acompañados de la pera.

IDEAS PRÁCTICAS

* El atún es más sabroso si no está muy hecho. Los tiempos de cocción son orientativos, ya que dependerán del volumen del trozo de atún y del tipo de horno, y hay que adaptarlos a las circunstancias.

* Podemos sustituir las semillas de sésamo por granos de maíz tostado (quicos), dando un toque variado a la receta.

SABER MÁS

 El atún es rico en ácidos grasos poliinsaturados de la serie omega-3, como el DHA (docosahexaenoico) y el EPA (eicosahexaenoico), reconocidos por su capacidad para disminuir los triglicéridos y el colesterol plasmáticos, aumentar la vasodilatación arterial y reducir el riesgo de trombosis y la tensión arterial. Todos estos efectos se postulan como protectores de las enfermedades cardiovasculares.

 Las semillas de sésamo contienen grasas insaturadas y lecitina, así como fibra, lo que contribuye a la disminución del colesterol en sangre.

 Las peras son frutas cuyo contenido principal es agua. Por su bajo contenido en hidratos de carbono y en sodio y su alto contenido en potasio, resultan muy recomendables para quienes sufren de diabetes, hipertensión arterial o afecciones cardiovasculares.

BACALAO CON TRUFAS

INGREDIENTES

700 g de lomo de bacalao remojado

2 cucharadas de aceite de oliva

20 g de harina

1 trufa negra

1/2 l de leche desnatada

50 g de requesón

50 g de emmental rallado

Sal

Pimienta

Nuez moscada

ELABORACIÓN

• Escaldamos el bacalao en agua hirviendo y lo retiramos cuando empiece a sacar una espuma blanca.

• En un cazo, echamos el aceite y la harina. Cuando empiece a dorarse, añadimos la trufa rallada.

• Vamos añadiendo la leche caliente hasta que adquiera consistencia de salsa. Lo hervimos unos 10 minutos a fuego lento.

• Añadimos el bacalao laminado.

• Lo salpimentamos y añadimos nuez moscada.

• Añadimos el requesón.

• Lo colocamos en una fuente de horno, añadimos el emmental rallado y lo gratinamos.

IDEAS PRÁCTICAS

* En lugar de gratinar el plato, podemos utilizar la pasta resultante para rellenar verduras (calabacín, pimientos, etc.) o mezclarla con pasta italiana para hacer un plato único completo y diferente.

SABER MÁS

○ Las trufas son pequeños hongos de gran valor gastronómico y económico. De hecho, se han convertido en el condimento por excelencia dentro de la alta cocina actual. La trufa es un hongo subterráneo que vive asociado a las raíces de ciertos árboles de hoja caduca. Estos hongos son característicos por su color oscuro y su forma similar a la de una patata pequeña. Son muy sabrosos y poco calóricos.

○ El bacalao es un pescado blanco también pobre en grasa, ligero y fácil de digerir.

SALMÓN CON MUSELINA DE AJO

INGREDIENTES

4 supremas de salmón de unos 150 g cada una

4 patatas

1 clara de huevo

1 ajo pequeño

200 cc de aceite de oliva

2 cucharadas de yogur desnatado

1 rama de menta fresca

Sal

ELABORACIÓN

- Hervimos las patatas con piel.
- Las dejamos enfriar, las pelamos y las cortamos a rodajas.
- Ponemos la clara de huevo y el ajo pelado en un cazo, lo salamos y lo batimos mientras añadimos aceite de oliva lentamente hasta ligarlo. Añadimos las hojas de menta picadas y las dos cucharadas de yogur desnatado y lo volvemos a batir.
- Cocemos el salmón a la plancha salpimentado.
- Montamos el plato: un lecho de rodajas de patata, la suprema de salmón y la muselina de ajo y menta por encima.

IDEAS PRÁCTICAS

* Ésta es una muselina de ajo aligerada en grasas saturadas y colesterol al sustituir los huevos enteros por claras y la nata por yogur desnatado y aceite de oliva.
* Podemos gratinarlo en el horno antes de servirlo.
* El salmón es más apetitoso si no se cuece en exceso.

SABER MÁS

Ⓥ El salmón es un pescado azul fuente de grasas omega-3, que protegen de la enfermedad cardiovascular.

● La mayor parte de los carbohidratos de la patata son almidón. Una parte de este almidón no se digiere bien y tiene los mismos efectos beneficiosos que la fibra alimentaria, como proteger del cáncer de colon y disminuir las concentraciones de colesterol y triglicéridos en sangre.

● Las recomendaciones de la Fundación Española del Corazón, entre otras muchas entidades, hacen hincapié en las ventajas del consumo de ácidos grasos omega-3. El salmón, pescado azul con un 11% de grasa, es especialmente rico en este tipo de ácidos grasos. Éstos reducen el riesgo de sufrir enfermedades cardiovasculares: reducen los triglicéridos y el colesterol plasmático, ejercen un efecto reductor de la tensión arterial y antiarrítmico, así como en efecto antiagregante plaquetar. Las recomendaciones son de consumo de pescado dos o tres veces a la semana. El pescado azul, el salmón entre ellos, constituye la principal fuente de DHA y EPA, los ácidos grasos omega-3 con efectos cardiovasculares más evidentes.

● La patata es muy rica en agua, que representa un 77% de su composición, y muy baja en grasa. Esto hace de la patata un alimento muy adecuado para la prevención de las enfermedades cardiovasculares, ya que forma parte esencial de una alimentación equilibrada con muy bajo contenido graso y poco contenido calórico. Además, es fuente importante de fibra y vitamina C, así como potasio, importante en el buen funcionamiento cardíaco. Hay que tener en cuenta que su aporte calórico puede aumentar de manera considerable según la forma de cocción y puede llegar a triplicarse si la freímos.

10 RECETAS DE PICA-PICA

Recetas aptas para comidas de tapeo o pica-pica. Tanto para una comida informal como para un picnic o un aperitivo.

MONTADITO DE ARENQUES Y UVA

INGREDIENTES

4 rebanadas de pan

1 arenque

4 granos de uva negra

Aceite de oliva

ELABORACIÓN

- Cocemos el arenque a la brasa o a la plancha y lo troceamos pequeño.
- Tostamos las rebanadas de pan.
- Colocamos los trocitos de arenque encima del pan, con un grano de uva partido por la mitad y sin pepitas, y lo aliñamos con un poco de aceite de oliva.

IDEAS PRÁCTICAS

* El arenque requiere elaboración de última hora. Si fuera necesario, podemos sustituirlo por anchoas o boquerones en conserva.

* La uva debe ser roja o negra y con piel para aprovechar bien todas sus propiedades nutritivas.

SABER MÁS

♥ Los omega-3 del arenque hacen de este pescado un alimento muy cardiosaludable.

♥ La uva es rica en sustancias antioxidantes, sobre todo el resveratrol, lo que protege de los radicales libres que aumentan la oxidación de las lipoproteínas LDL, formadoras de la placa de ateroma.

PALITOS DE SÉSAMO Y ORÉGANO

INGREDIENTES

200 g de masa de pan

1 clara de huevo

100 g de semillas de sésamo

Sal gorda

Orégano

ELABORACIÓN

- Con la masa de pan, amasamos los bastoncillos, que sean largos y delgados.
- Colocamos los palitos en una fuente para el horno forrada de papel especial.
- Pintamos los bastoncitos con la clara de huevo y los espolvoreamos con el sésamo, el orégano deshidratado y la sal gorda.
- Los dejamos reposar un rato para que fermente la masa.
- Los horneamos a 200 ºC durante 5 minutos.

IDEAS PRÁCTICAS

* Podemos añadir diferentes ingredientes a la masa para variar el sabor: pasta de aceitunas, nueces, frutos rojos deshidratados, etc. Daremos variedad y aportaremos alimentos cardiosaludables a la receta.

SABER MÁS

Las semillas de sésamo contienen grasas insaturadas que, junto a la lecitina de su composición, contribuyen a disminuir los niveles de colesterol sanguíneo. Son también ricas en fibra y en proteínas.

TAPAS DE MANZANA CON BACALAO

INGREDIENTES

1 manzana Golden

100 g de bacalao desalado

25 g de nueces

Sal gorda

ELABORACIÓN

• Picamos el bacalao y las nueces.

• Lo mezclamos y lo aliñamos con un poco de aceite de oliva y sal gorda.

• Pelamos la manzana y la cortamos a láminas.

• Servimos una lámina de manzana con un poco de la mezcla anterior encima.

IDEAS PRÁCTICAS

* La manzana puede servir de soporte de diferentes ingredientes para elaborar tapas variadas que combinen el sabor dulce con el salado: tomate con anchoas, requesón con pasas, salmón ahumado con pepinillos, etc.

* La manzana cruda se oxida fácilmente y adquiere un color marrón que la hace poco apetecible. Para minimizar este efecto, podemos añadirle zumo de limón o bien pasarla por la plancha para dorar ligeramente las láminas.

SABER MÁS

◊ El bacalao es un pescado blanco poco calórico y con poca grasa, pero la poca que tiene es grasa cardiosaludable.

◊ Las nueces nos aportan cantidades significativas de omega-3, esteroles y fibra.

◊ La manzana es rica en elementos fitoquímicos, entre ellos flavonoides y quercetina, con propiedades antioxidantes, que protegen las lipoproteínas LDL de la oxidación.

MONTADITO DE PAN DE ACEITUNAS CON BONITO Y TOMATE CONFITADO

INGREDIENTES

4 rebanadas de pan de aceitunas

2 tomates pequeños

125 g de bonito

1/2 diente de ajo

1/2 cebolla tierna

Romero y albahaca

2 cucharadas de aceite de oliva

ELABORACIÓN

- Cortamos el bonito en rodajas de un centímetro y lo dejamos en remojo en agua fría un cuarto de hora.
- Secamos las rodajas de bonito.
- Pochamos el diente de ajo a láminas y la cebolla tierna cortada en juliana con el aceite de oliva.
- Cuando empiecen a tomar color, añadimos las hierbas aromáticas y las rodajas de bonito salpimentadas.
- Lo dejamos cocer a fuego muy suave durante 5 minutos y lo reservamos.
- Pelamos los tomates y los cortamos a cuartos. Los colocamos en una fuente de horno con sal, azúcar, albahaca y aceite de oliva. Los confitamos en el horno a 90 ºC durante una hora.
- Montamos el montadito con una rebanada de pan de aceitunas, un par de trozos de tomate confitado y una rodaja de bonito.

IDEAS PRÁCTICAS

* Podemos sustituir el atún fresco por atún en conserva al natural.

* En lugar de tomate confitado, podemos hacerlo a la plancha o al microondas para acortar el tiempo de elaboración.

SABER MÁS

📍 El tomate nos aporta licopeno, un antioxidante con acción protectora contra los radicales libres.

📍 Las aceitunas son ricas en polifenoles, con acción reductora del colesterol "malo" y ácidos grasos monoinsaturados (ácido oleico principalmente).

📍 El bonito y el atún son peces de la misma especie, pero el bonito suele ser más apreciado que el atún. Sin embargo, el atún tiene un contenido graso mayor que el bonito. Ésta es grasa cardiosaludable, ya que se trata mayoritariamente de ácidos grasos omega-3, con efecto antiarteriosclerótico y que disminuyen los niveles de colesterol y triglicéridos plasmáticos. Al ser un pescado graso, aporta también vitaminas liposolubles, como la vitamina A y la vitamina D.

📍 El atún en conserva contiene gran cantidad de sodio, no recomendable en casos de hipertensión. Desde el punto de vista nutricional, el atún en conserva mantiene la mayor parte de sus propiedades, excepto algunas vitaminas. Es importante utilizar conservas al natural o bien en aceites de buena calidad, como el de oliva, ya que otros tipos de aceites vegetales, como el de coco o el de palma, pueden contribuir a empeorar el perfil lipídico de la persona. Algunas conservas de atún enriquecidas con algún aditivo como isoflavonas procedentes de la soja, fitoesteroles y ácidos grasos omega-3 potencian el efecto del alimento modificando favorablemente este perfil. Cuando está conservado en aceite, el omega-3 tiende a disolverse en el aceite del envase, mientras que el añadido a la conserva lo absorbe el pescado.

HATILLOS DE SALMÓN CON ENSALADA

INGREDIENTES

4 láminas finas de salmón ahumado

Un poco de ensalada mezcla de varios tipos de lechuga (mezclum)

1/2 yogur desnatado natural

1 cebolla tierna

Perejil picado

Cebollino picado

Perifollo

Eneldo

Mostaza

Aceite de oliva

ELABORACIÓN

* Recortamos las láminas de salmón formando cuadrados.
* Cortamos las sobras en tiras finas.
* Cortamos el mezclum en juliana fina y lo mezclamos con las tiras de salmón ahumado.
* Preparamos una salsa mezclando el yogur con la cebolla tierna picada, las hierbas aromáticas, un poco de aceite de oliva y mostaza al gusto.
* La mezclamos con la ensalada.
* Ponemos un poco de mezcla en el centro del cuadrado de salmón y lo cerramos dando forma de hatillo.

IDEAS PRÁCTICAS

* Podemos aprovechar restos de verdura para hacer un salteado o utilizar ensaladilla para sustituir la lechuga y hacer una variedad del plato con verdura cocida.
* Si no gusta el salmón, puede sustituirse por lonchas de fiambre de pavo o pollo, carnes poco grasas.
* La salsa de yogur es sabrosa y baja en calorías. Puede utilizarse para aliñar ensaladas.

SABER MÁS

◉ El salmón es también un pescado azul, fuente de omega-3. El ahumado hace que su contenido en sal sea considerable y que deba consumirse con moderación en caso de hipertensión arterial.

◉ La ensalada aliñada con salsa de yogur es ligera y original.

◉ La lechuga es muy rica en agua, pobre en hidratos de carbono y aún más en proteínas y grasas. Aporta muy pocas calorías. Es fuente de antioxidantes, en concreto betacarotenos y vitaminas C y E. Éstos bloquean la acción de los radicales libres, capaces de alterar las proteínas y las grasas de nuestro organismo. En el caso de las enfermedades cardiovasculares, los radicales libres favorecen la oxidación del colesterol-LDL, causante de la placa de ateroma. Además, la lechuga es muy rica en fibra, que contribuye a reducir las tasas de colesterol en sangre.

◉ El perejil, un condimento muy habitual en nuestra dieta mediterránea, es fuente de betacarotenos, vitamina C y vitamina E. Contiene también otras sustancias, como flavonoides (de acción antioxidante, antiinflamatoria y diurética) y aceite esencial rico en apiol y miristicina (con acción vasodilatadora).

◉ La cebolla tierna y el cebollino pertenecen a la misma familia. Son ricos en compuestos de azufre, vitaminas C y E y flavonoides, entre los que destacan las antocianinas y la quercetina, con acción antioxidante y que favorecen la circulación sanguínea.

CHAMPIÑONES RELLENOS

INGREDIENTES

8 champiñones grandes

8 filetes de anchoa en aceite

1 tomate maduro

2 cucharadas de pan rallado

1/2 diente de ajo

Perejil

Aceite

Sal

ELABORACIÓN

- Retiramos el palo de los champiñones, los lavamos y los secamos.
- Los salteamos con un poco de aceite y sal para dorarlos ligeramente.
- Pelamos el tomate y lo cortamos a dados pequeños. Lo salteamos con aceite, ajo y perejil picado unos 2 minutos.
- Agregamos los filetes de anchoa troceados.
- Lo mezclamos con el pan rallado.
- Rellenamos los champiñones con la mezcla.
- Los gratinamos al horno hasta que queden dorados.

IDEAS PRÁCTICAS

* Podemos sustituir los champiñones por tomates cereza, aunque el plato será más monótono en sabor.

* Si deseamos aligerar el plato y hacerlo menos calórico, podemos eliminar el pan rallado.

SABER MÁS

📍 Las anchoas pertenecen también al grupo del pescado azul, rico en ácidos grasos omega-3.

📍 Los champiñones y los tomates aportan vitaminas y fibra al plato.

Mesquite Public Library System
North Branch
2600 Oates Dr.
972-681-0465

User ID: 535934

Date charged: 8/15/2018,17:22
Call number: SP 613.25 MACHER
Author: Macher, Ingrid, 1973-
Title: De gordita a mamacita : un
completo plan de alime
Item ID: 00016003BN
Date due: 9/5/2018,23:59

Date charged: 8/15/2018,17:22
Call number: SP 641.5638 GUMMA
2017
Author: Gumma, Mariona,
Title: Consejos y recetas anticolesterol
Item ID: 000167566N
Date due: 9/5/2018,23:59

Total checkouts for session:2
Total checkouts:7

Help support the Mesquite
Public Library
Use community rewards
Kroger Reward # 35988
Tom Thumb/Safeway #432
Amazon Smile: choose Friends
of the Mesquite Public Library

Thank you for using

BOLITAS DE COL Y SETAS

INGREDIENTES

1/2 col blanca

150 g de setas variadas (pueden ser frescas, secas o congeladas)

Harina

Sal

Aceite de oliva

ELABORACIÓN

- Cortamos la col en juliana, sacando los nervios más gruesos, y la lavamos.
- La hervimos unos 10 minutos en agua abundante y la escurrimos bien.
- Troceamos las setas si son grandes, las lavamos y las salteamos en un poco de aceite de oliva.
- Mezclamos la col con las setas y hacemos bolitas.
- Las enharinamos.
- Las freímos en una sartén con aceite de oliva bien caliente.
- Las secamos en un papel secante.

IDEAS PRÁCTICAS

* Las setas pueden ser frescas o bien congeladas, en conserva o de-secadas.
* La col puede ser col confitada o chucrut, aunque dará un sabor diferente al plato.
* Las bolitas enharinadas pueden congelarse para freírlas en el momento que se necesiten.

SABER MÁS

Las verduras de la familia de las coles son las más ricas en vitamina C y ácido cítrico, que potencia la acción beneficiosa de dicha vitamina. Además, son consideradas una fuente importante de antioxidantes naturales: betacarotenos y compuestos de azufre, que son los responsables del olor tan particular que desprenden estas hortalizas durante su cocción.

- Las setas contienen fibra, que dificulta la absorción del colesterol de la dieta.

- La col blanca es especialmente rica en vitamina C. Posee además ácido cítrico, que potencia la acción beneficiosa de esta vitamina. Es además rica en otros antioxidantes: betacarotenos, compuestos de azufre y antocianinas. Éstos actúan reduciendo el riesgo de enfermedad ateromatosa. Es también fuente de fibra, principalmente celulosa, que, además de propiedades laxantes, contribuye a reducir las tasas de colesterol en sangre, ya que disminuye su absorción a nivel intestinal.

- Las setas, además de su aporte de fibra, son fuente de ergotioneína, un aminoácido que actúa también como antioxidante, a la vez que juega un papel importante a nivel de la respiración celular.

- El proceso de fritura tiene diferentes consecuencias en el alimento. Una de ellas es que aumenta su contenido graso, ya que absorbe parte de la grasa del medio. Sin embargo, si lo hacemos con aceite de oliva, aumentaremos el contenido en ácido oleico del plato. Este ácido graso tiene un efecto beneficioso a la hora de prevenir las enfermedades cardiovasculares, con lo que, en este caso, el aumento de grasa será beneficioso. Para evitar un exceso de aporte graso, es importante que el aceite de oliva sea abundante y esté suficientemente caliente (unos 180 ºC), ya que poner un alimento en una grasa que no esté suficientemente caliente lo convierte en una "esponja": un alimento hipercalórico e indigesto.

MONTADITO DE SALMÓN Y ESPÁRRAGOS

INGREDIENTES

4 rebanadas pequeñas de pan integral

12 espárragos trigueros pequeños

80 g de salmón ahumado

Aceite de oliva

Sal

Mostaza en grano

ELABORACIÓN

* Tostamos las rebanadas de pan y las untamos con la mostaza en grano.
* Lavamos los espárragos y les cortamos las puntas. Salteamos las puntas en una sartén con un poco de aceite de oliva hasta que queden *al dente*.
* Cortamos el salmón ahumado a tiras.
* Montamos la rebanada de pan con tres puntas de espárrago y las virutas de salmón encima.

IDEAS PRÁCTICAS

* Una variedad sería sustituir el pan integral por pan con nueces y la mostaza en grano por pasta de aceitunas. De esta manera aumentaríamos el aporte de ácidos grasos cardiosaludables insaturados, a pesar de que aumentaríamos también el valor calórico del plato.

SABER MÁS

♥ Aporta omega-3 en forma de pescado azul, por el salmón.

♥ Fibra abundante en el pan integral y los espárragos, lo que dificulta la absorción de colesterol a nivel intestinal.

♥ Además, los espárragos son fuente de sustancias de acción antioxidante, como vitaminas C, E, provitamina A y compuestos fenólicos, como los lignanos, con acción protectora cardiovascular.

MONTADITO DE ARENQUE CON PIMIENTO DEL PIQUILLO

INGREDIENTES

4 rebanadas de pan de medio

4 arenques no muy grandes

2 pimientos del piquillo en conserva

Harina

Clara de huevo

Aceite de oliva

ELABORACIÓN

• Retiramos las cabezas y la espinas de los arenques y los lavamos bien.

• Los rellenamos con tiras del pimiento del piquillo.

• Los enharinamos y los pasamos por clara de huevo.

• Los ponemos en una bandeja de horno, los aliñamos con un chorrito de aceite de oliva y los horneamos a fuego fuerte hasta que queden doraditos.

• Los colocamos encima de la rebanada de pan.

IDEAS PRÁCTICAS

* La cocción al horno aligera el montadito al no necesitar tanto aceite como la fritura. Ésta sería una alternativa si no es necesario reducir el aporte calórico del plato.

* Si untamos el pan con tomate, lo enriqueceremos con antioxidantes.

SABER MÁS

♥ La clara de huevo está compuesta esencialmente por proteínas de alto valor biológico. El colesterol del huevo se concentra en la yema. Rebozando solamente con la clara, reducimos el contenido de colesterol del plato.

- El pimiento rojo, rico en vitamina C y otros antioxidantes, como la capsantina, y el aceite de oliva, fuente de ácido oleico, redondean el plato.

- El arenque pertenece también al grupo de los pescados azules, por lo tanto su contenido graso es elevado. Es uno de los pescados con mayor proporción de ácidos grasos omega-3, con efecto claramente protector frente a las enfermedades cardiovasculares.

- La cocción en el horno favorece la conservación de los principios nutricionales al formar una costra protectora que protege minerales y vitaminas del alimento. Es importante precalentar antes el horno para asegurarnos que está caliente.

- El pan forma parte del grupo de alimentos fuente de hidratos de carbono complejos. Éstos son fundamentales en el marco de toda dieta equilibrada, ya que son la principal fuente de energía del organismo. Está elaborado con harina, agua y sal. Es decir, no contiene nutrientes cuyo consumo excesivo se asocie a un mayor riesgo de enfermedades cardiovasculares, excluyendo la sal en caso de hipertensión. Su componente principal es el almidón, y contiene cantidades muy bajas de grasa, a excepción de ciertas variedades de pan de molde y pan tostado.

PATATAS BRAVAS

INGREDIENTES

2 patatas medianas

1 cebolla

1 diente de ajo

2 tomates maduros

Pimentón rojo dulce

Guindilla

1/2 cucharada de harina

2 cucharadas de vinagre de vino

Aceite de oliva

Sal

ELABORACIÓN

- Pelamos y cortamos la cebolla en juliana. La pochamos en aceite de oliva.
- Añadimos el diente de ajo pelado y entero y lo pochamos.
- Rallamos el tomate y lo añadimos. Lo pochamos hasta que esté bien reducido.
- Añadimos la guindilla, sal, pimentón rojo y vinagre y lo reducimos.
- Añadimos 1/2 cucharada de harina y un poco de agua y lo cocemos unos 10 minutos más.
- Lo pasamos por el colador chino y lo reservamos.
- Pelamos las patatas, las cortamos a dados y las hervimos 5 minutos, hasta que estén blandas, en agua y sal.
- Las escurrimos y las dejamos enfriar.
- Las salteamos en una sartén con aceite de oliva bien caliente para dorarlas.
- Las servimos con la salsa por encima.

IDEAS PRÁCTICAS

* Una manera diferente de hacer un platillo clásico: las patatas, en lugar de fritas, hervidas y después doradas (podemos hacerlo también al horno), con lo que la absorción de grasa es mucho menor.

* La salsa, elaborada con verduras naturales y especias, resulta apta para una dieta para controlar el colesterol.

* Es un ejemplo de cómo una receta "de toda la vida" puede adaptarse.

SABER MÁS

⚲ El valor calórico de la patata no es elevado, unas 80 calorías por 100 g, pero, si se fríe, puede triplicar este valor, ya que absorbe gran parte de la grasa que se emplea durante su cocinado. Lo ideal es tomarlas hervidas, cocinadas al vapor o asadas al horno con piel, ya que es la forma en que conservan mejor sus propiedades nutritivas.

RECETAS DE
POSTRES

11

Postres apetitosos adaptados a las personas que tienen el colesterol alto.

MANZANAS AL HORNO

INGREDIENTES

4 manzanas

1/2 dl de moscatel

4 cucharadas de azúcar

Canela en polvo

ELABORACIÓN

• Lavamos las manzanas y les sacamos el corazón con la punta fina de un cuchillo.

• Las colocamos en una fuente de horno.

• En el agujero que ha quedado en la manzana, añadimos una cucharada de azúcar, un poco de moscatel y un poco de canela en polvo.

• Añadimos una taza de agua a la fuente.

• Las cocemos a 150-160 ºC durante unos 35 minutos, hasta que estén listas.

IDEAS PRÁCTICAS

* Si queremos reducir el contenido calórico del plato, podemos sustituir el azúcar por edulcorante.

* Otra opción es añadir un poquito de anís en lugar del moscatel, con lo que daremos un sabor diferente al plato.

SABER MÁS

◉ La manzana es una fruta muy rica en elementos fitoquímicos, entre ellos los flavonoides y la quercetina, con propiedades antioxidantes. Éstos contribuyen a proteger de la oxidación el colesterol-LDL o colesterol malo y, por tanto, previenen la formación de placa de ateroma. Son, además, frutas muy ricas en fibra. Ésta retrasa y limita la absorción del colesterol de la dieta a nivel intestinal, favoreciendo su eliminación por las heces.

◉ La manzana, igual que otros alimentos naturales, tiene un valor añadido: la mezcla de elementos fitoquímicos que contiene actúa de manera sinérgica, por lo que su actividad biológica es mayor que la suma de los efectos de sus componentes purificados. Esta acción sinérgica de los compuestos de la manzana (fibra, polifenoles y otros antioxidantes) hace de ella un alimento a incluir en la dieta de personas con dislipemias. La manzana es muy rica en pectina, que se caracteriza por formar geles que se unen a los ácidos biliares impidiendo su absorción. Tiene capacidad de regular el metabolismo de las grasas, con mejoras en el perfil plasmático del colesterol y una reducción de la grasa visceral. Esta forma de cocción, además, permite aprovechar componentes que se localizan en la piel, muy rica en antioxidantes.

◉ La variedad de uva moscatel posee una piel gruesa e incluye una amplia variedad de colores, del bronce al rojo pasando por el negro. Esto hace que esta variedad sea especialmente rica en resveratrol, un antioxidante potente. Es, además, rica en vitamina C. Estos y otros componentes hacen que el vino moscatel, tomado con moderación, ayude a reducir el riesgo de desarrollar enfermedades cardiovasculares.

MELÓN RELLENO DE FRESAS

INGREDIENTES

4 melones tipo Cantalupo

100 g de fresitas

1 cucharada de azúcar

El zumo de 1/2 limón

Un chorrito de coñac

ELABORACIÓN

- Lavamos las fresitas.
- Cortamos una punta del melón como si fuera una boina.
- Vaciamos el melón haciendo bolitas con una cucharita.
- Mezclamos las fresas y las bolas de melón en un bol y lo aliñamos con un poco de azúcar y un chorrito de coñac.
- Rellenamos los melones vacíos con la mezcla.

IDEAS PRÁCTICAS

* Para reducir el contenido calórico del plato, podemos sustituir el azúcar por edulcorante y el coñac por un poco de zumo de limón o una gotas de vinagre balsámico.

SABER MÁS

♥ En el melón, la cantidad de betacaroteno, de acción antioxidante, depende de la intensidad del pigmento anaranjado en la pulpa. Los melones reticulados se diferencian del resto en que son una fuente excelente de provitamina A (betacaroteno), así como de vitamina C, con acción antioxidante.

♥ A las fresas se les atribuyen varias propiedades, sobre todo por su abundancia en vitamina C, presente en mayor cantidad que en los cítricos. Este nutriente posee una comprobada acción antioxidante, al igual que los antocianos y la vitamina E, presentes en las fresas y fresones. Los antioxidantes bloquean el efecto dañino de los denominados "radicales libres". La relación entre antioxidantes y enfermedades cardiovasculares es hoy una afirmación bien sustentada. Se sabe que es la oxidación del llamado "colesterol malo" la que desempeña un papel fundamental tanto en la iniciación como en el desarrollo de la arteriosclerosis. Los antioxidantes pueden bloquear los radicales libres que modifican el llamado "colesterol malo", contribuyendo a reducir el riesgo cardiovascular y cerebrovascular.

♀ El melón Cantalupo difiere del común: es de forma esférica y de tamaño inferior. Además, posee una pulpa de color anaranjado que le confiere muchas de sus características nutricionales. Además de ser especialmente dulce, es muy rico en agua. Destaca sobre todo su contenido en betacarotenos, precursores de la vitamina A, de potente acción antioxidante. Es el propio organismo quien se encarga de transformar el betacaroteno en vitamina A conforme la va necesitando. La vitamina C también destaca en esta variedad de melón y tiene también una acción antioxidante.

♀ Las fresas son frutas que se estropean con facilidad y su vida útil es más bien corta. Para aumentar su tiempo de conservación, es importante guardarlas en el frigorífico sin amontonarlas, retirando las que se encuentran en mal estado, y taparlas con papel film para evitar que su olor traspase a otros alimentos.

CREMA DE ALMENDRAS

INGREDIENTES

400 g de almendras

1 l de agua

110 g de almidón

50 g de copos de avena

Piel de 1 limón

1 bastoncito de canela

300 g de azúcar

ELABORACIÓN

- Trituramos las almendras y las dejamos reposar en el agua (entre 2 horas y un día entero).
- Las colamos con un colador chino.
- Deshacemos el almidón con la leche de almendras resultante y lo mezclamos con los copos de avena, el azúcar, la piel del limón y la canela.
- Lo calentamos a fuego suave hasta que hierva, sin dejar de mezclar. Lo hervimos durante unos 4 minutos.
- Colocamos la pasta en cazoletas individuales.
- Las enfriamos en la nevera.

IDEAS PRÁCTICAS

* Podemos añadir unos frutos rojos para enriquecer el plato en antioxidantes.

* Es un plato muy calórico y debe consumirse con moderación, sobre todo si existe un sobrepeso. Para aligerarlo, se puede sustituir el azúcar por edulcorante, aunque el contenido calórico seguirá siendo importante.

SABER MÁS

♥ El 80% del total de grasas de la avena son insaturadas y abunda el ácido graso esencial linoleico, de la familia omega-6. Otros componentes grasos son el avenasterol, un fitosterol que se sabe que contribuye a reducir los niveles de colesterol en sangre al disminuir su absorción a nivel del intestino, y la lecitina, que también contribuye a reducir las tasas de colesterol en sangre. Contiene también fibra, que produce el mismo efecto al disminuir la absorción del colesterol de la dieta.

- La leche de almendras contiene poca grasa, con predominio de las mono y poliinsaturadas, vitamina A y D y no contiene colesterol.

- La almendra dulce es rica en proteínas vegetales y, sobre todo, en grasas insaturadas, que benefician la salud cardiovascular. Es muy rica en fibra, lo que ayuda a reducir la absorción de colesterol. Es muy rica en calcio, de ahí que la leche de almendras se emplee como sustituto de la leche de vaca, así como en magnesio, potasio y zinc. Destaca también su riqueza en vitaminas del grupo B, entre ellas el ácido fólico, y en vitamina E, de acción antioxidante.

- El almidón es un hidrato de carbono complejo que proporciona energía al organismo. Es importante un aporte adecuado de hidratos de carbono en la dieta, ya que impide que se utilicen las proteínas como fuente de energía.

REFRESCO DE FRESA

INGREDIENTES

500 g de fresones

2 limones

150 g de azúcar

1 botella de agua con gas

ELABORACIÓN

- Lavamos los fresones y los trituramos, reservando alguno enteros.
- Lo mezclamos con el zumo de limón y el azúcar y agitamos bien.
- Lo enfriamos.
- Lo mezclamos con el agua con gas.
- Añadimos los fresones enteros para adornar.

IDEAS PRÁCTICAS

* Si en lugar de azúcar utilizamos algún edulcorante artificial, como estevia, sacarina o aspartamo, el contenido en calorías disminuye mucho.

* Podemos congelar la mezcla en moldes especiales y elaborar helados de hielo muy apetitosos y vitamínicos.

SABER MÁS

♀ Fresas y fresones son una buena fuente de fibra. Ésta tiene un destacado efecto protector del organismo, debido a un mecanismo de secuestro de sustancias potencialmente nocivas. La fibra "atrapa" determinados compuestos (ácidos biliares, colesterol...), que son excretados junto con las heces, lo que beneficia a las personas con hipercolesterolemia. Además, las fresas y los fresones son muy ricos en vitamina C, presente en mayor cantidad que en los cítricos. Este nutriente posee una comprobada acción antioxidante, al igual que los antocianos y la vitamina E presentes en las fresas y los fresones. Los antioxidantes bloquean el efecto dañino de los denominados "radicales libres".

♀ El limón aumenta la vitamina C de la receta.

BROCHETA DE FRUTAS TROPICALES CON SOPA DE PIÑA

INGREDIENTES

1/2 piña

1/2 mango

1 kiwi

1/2 papaya

25 g de azúcar

50 ml de agua

10 g de anís estrellado

Palillos de brocheta

ELABORACIÓN

- Hervimos el agua con el azúcar y el anís estrellado durante un minuto. Lo dejamos reposar un rato y lo colamos.
- Licuamos la piña y añadimos el zumo al almíbar anterior. Lo enfriamos en el frigorífico durante unas 6 horas y retiramos la espuma resultante.
- Pelamos y cortamos a dados el mango, el kiwi y la papaya.
- Montamos las brochetas con la fruta.
- Servimos en un vaso largo la brocheta con la sopa de piña.

IDEAS PRÁCTICAS

* Podemos congelar la sopa de piña y hacer un helado para acompañar las brochetas, dando un toque veraniego al plato.

* Si en lugar de almíbar utilizamos edulcorante artificial, disminuimos el contenido calórico del plato de manera considerable.

SABER MÁS

La piña contiene una enzima, la bromelina o bromelaína, similar a las enzimas digestivas, que ayuda a digerir las proteínas, por lo que resulta un postre ideal para facilitar la digestión. Es muy rica en vitamina C, con acción antioxidante.

- La papaya destaca, en lo que a vitaminas se refiere, por ser una fuente muy importante de vitamina C, así como de provitamina A. Contiene pequeñas cantidades de una enzima, la papaína, que ayuda a digerir las proteínas.

- El kiwi es muy rico en vitamina C, más del doble que una naranja, y en vitaminas del grupo B, entre ellas el ácido fólico. Asimismo, es rico en fibra, soluble e insoluble, con un potente efecto laxante y "secuestrador" de colesterol alimentario.

- El mango aporta una cantidad importante de hidratos de carbono, por lo que su valor calórico es elevado. Es rico, en lo que a vitaminas se refiere, en provitamina A y vitamina C, antioxidantes.

GELATINA DE MANDARINA Y GROSELLAS

INGREDIENTES

1/2 kg de mandarinas clementinas

12 grosellas

40 g de azúcar

2 g de gelatina

4 hojas de menta fresca

ELABORACIÓN

• Licuamos las mandarinas.

• Separamos unos 50 ml de zumo de mandarina, lo calentamos al fuego y añadimos las hojas de gelatina previamente hidratadas.

• Lo retiramos del fuego, incorporamos el azúcar y lo mezclamos. Añadimos el zumo de mandarina restante y lo enfriamos en el frigorífico hasta que quede semilíquido.

• Picamos las hojas de menta y las añadimos a la gelatina.

• Lo servimos en copas individuales transparentes: tres bolas de grosella y la gelatina encima.

IDEAS PRÁCTICAS

* Si utilizamos edulcorante en lugar de azúcar, convertimos la receta en un plato bajo en calorías. Otra opción, si nos gustan los sabores ácidos, es prescindir de edulcorar el zumo de mandarina.

SABER MÁS

♦ Las grosellas se caracterizan por su abundancia en pigmentos naturales, sobre todo antocianos y carotenoides, de acción antioxidante. En la alimentación humana, este tipo de frutas constituye una de las fuentes más importantes de antocianos, que les confieren su color característico y que son, junto con ácidos orgánicos como el ácido oxálico o el ácido málico, responsables también de su sabor.

♦ El componente mayoritario de las mandarinas es el agua y, respecto a otras frutas de su género, aportan menos cantidad de azúcares y, por tanto, menos calorías. De su contenido vitamínico, sobresalen la vitamina C, el ácido fólico y la provitamina A, más abundante que en cualquier otro cítrico. También contienen cantidades importantes de ácido cítrico, potasio y magnesio. En menor proporción se encuentran ciertas vitaminas del grupo B.

♥ La gelatina es un alimento que se obtiene del colágeno, una proteína que abunda en el tejido conectivo de piel, huesos y otros tejidos animales. Por lo tanto, su componente principal son las proteínas, aunque éstas son de bajo valor biológico, ya que carecen de algunos aminoácidos esenciales. Su aporte nutritivo es limitado, pero no aporta prácticamente grasa y, por consiguiente, tiene pocas calorías. Se obtienen de la mezcla con agua de una sustancia llamada *grenetina*, sólida, incolora, traslúcida y con poco sabor, que se obtiene a partir del colágeno.

♥ Las hojas de menta son las que proporcionan beneficios debido a su contenido en vitaminas y minerales. Entre estos compuestos, cabe destacar los ácidos grasos omega-3, vitamina C, vitamina A y minerales como magnesio, hierro, calcio, manganeso, cobre, potasio y ácido fólico.

♥ Las grosellas pertenecen al grupo de las frutas del bosque, junto con los arándanos, las moras, las frambuesas, las fresas y las endrinas. Son ricas en agua, nutrientes reguladores y una variedad de fitoquímicos que les aportan propiedades especiales. Hay que destacar especialmente los flavonoides, con acción antioxidante y reductora de la tensión arterial. Los antocianos, responsables de su color característico, son especialmente abundantes. Estas sustancias son capaces de bloquear la acción de los radicales libres, que provocan daño celular y son responsables del desarrollo de enfermedades cardio y cerebrovasculares y de otros trastornos degenerativos.

12 TENTEMPIÉS, DESAYUNOS Y MERIENDAS

Recetas adaptadas a personas con colesterol alto para utilizar como desayuno o merienda puntual, o bien como tentempié de media mañana, o para acompañar una infusión.

ALMENDRAS GARRAPIÑADAS

INGREDIENTES

1 taza de almendras

1 taza de azúcar

2 tazas de agua

1 chorro de coñac

ELABORACIÓN

- En una cazuela de barro grande, ponemos el agua y el azúcar y lo llevamos a ebullición.
- Cuando hierva, añadimos las almendras sin la cáscara, pero con la piel.
- Dejamos reducir el agua removiendo continuamente para evitar que las almendras se quemen.
- Cuando el azúcar quede pegado a las almendras, añadimos un chorro de coñac.
- Continuamos removiendo hasta que el azúcar vuelva a fundirse otra vez.
- Retiramos las almendras del fuego y las colocamos, separadas, en una superficie fría.

IDEAS PRÁCTICAS

* Una vez frías, ya pueden guardarse en seco y pueden conservarse durante mucho tiempo.

* Existe la variedad sin la incorporación del coñac.

* Ideales para comer entre horas o para acompañar algún postre.

SABER MÁS

⚲ Las almendras son muy recomendables. Aportan una cantidad considerable de proteínas y, aunque son muy ricas en grasa y eso es importante si debemos mantener el peso corporal, sus grasas son mayoritariamente insaturadas, convenientes para controlar la tasa de colesterol. Apenas contienen ácidos grasos saturados y, además, no aportan colesterol, ya que su grasa es vegetal. Contienen también magnesio, hierro, flúor y cinc en cantidades notables, además de fósforo y cobre, al igual que ocurre con el resto de los frutos secos. Las vitaminas más importantes son el ácido fólico y la vitamina E, que cumple funciones antioxidantes, además de vitaminas B2, B6 y algo de B1.

CARQUIÑOLES

INGREDIENTES

300 g de harina de trigo

100 g de harina de avena

1 huevo entero

1 clara de huevo

175 g de almendras crudas sin piel

250 g de azúcar

Raspadura de la piel de 1 limón

1 cucharada de bicarbonato

2 cucharadas de agua

Aceite de oliva

ELABORACIÓN

• Precalentamos el horno.

• Colocamos la harina formando un volcán. En el centro, añadimos las almendras, la piel de limón raspada, el bicarbonato y las dos cucharadas de agua.

• Amasamos y añadimos el huevo entero y la clara. Trabajamos la masa hasta que no se enganche en las manos.

• Formamos cuatro o cinco barritas de unos 2 cm de grosor.

• Las horneamos con un poco de aceite (poca cantidad).

• Las sacamos del horno cuando tengan un color dorado y las cortamos al sesgo con un cuchillo eléctrico o con uno que corte bien para hacer rebanadas bien finas.

• Las colocamos de nuevo en el horno para que se cuezan por dentro y las vamos sacando a medida que lleguen al punto.

IDEAS PRÁCTICAS

* Al igual que en la receta anterior, bien guardados pueden consumirse durante mucho tiempo.

* Son ideales para comer como merienda o para acompañar el café o la infusión.

* Una receta de siempre modificada ligeramente, de la que aprovechamos sus virtudes.

SABER MÁS

♀ Las almendras, frutos secos oleaginosos, constituyen un alimento sumamente recomendable por su gran aporte proteico y por la saludable composición de sus grasas. La mayor parte de éstas son insaturadas, las más convenientes para mantener controlada la tasa de colesterol. Además, las almendras aportan mucha fibra, minerales y vitaminas. Su único pero es el elevado poder energético, que deben tener muy en cuenta los obesos o quienes deben controlar su peso, aunque recientes estudios defienden que su consumo moderado no induce un incremento del peso corporal.

♀ La harina de avena, incorporada a esta receta especial para colesterol, tiene un efecto muy beneficioso. Está compuesta por grasas insaturadas (no en mucha cantidad, pero sí recomendables), como el ácido linoleico y el avenasterol, un fitosterol con capacidad de disminuir la absorción intestinal de colesterol. Contiene también lecitina y fibra, con el mismo efecto.

♀ El aceite de oliva, rico en ácido oleico, monoinsaturado, contribuye también a que esta receta sea adecuada en dietas para colesterol alto.

COCA DE PIÑONES

INGREDIENTES

2 huevos enteros

2 claras de huevo montadas

100 g de harina de trigo

25 g de harina de avena

125 g de azúcar

1 sobre de levadura

1/2 vaso de leche desnatada

1 cucharada de aceite de oliva

Raspadura de piel de 1 limón

1 chorrito de Cointreau

50 g de piñones

ELABORACIÓN

- Mezclamos bien el azúcar y las dos yemas.
- Añadimos el aceite, el Cointreau, la raspadura de limón, la levadura y la leche, mezclando bien.
- Añadimos las harinas, en forma de lluvia, y vamos mezclando.
- Añadimos las claras de huevo montadas sin mezclar demasiado.
- La horneamos a horno muy fuerte durante 7 u 8 minutos.
- Espolvoreamos los piñones por encima.
- La cocemos a medio fuego hasta finalizar la cocción.
- Una vez fría, espolvoreamos un poco de azúcar por encima.

IDEAS PRÁCTICAS

* Una receta para aligerar la coca "de siempre" y disminuir su aporte en grasas saturadas y colesterol:

– Utilizamos sólo la mitad de las yemas de huevo.

– Sustituimos la mantequilla por aceite de oliva.

– Utilizamos leche desnatada en lugar de leche entera.

– Sustituimos una parte de la harina de trigo por harina de avena.

SABER MÁS

📍 Los piñones aportan un plus de ácidos grasos mono y poliinsaturados, muy recomendables en caso de dislipemias, así como fibra. Además, son ricos en ácido pinolénico, que, según diferentes estudios, parece tener un efecto saciante.

📍 La avena contiene avenasterol, un fitosterol que disminuye la absorción de colesterol a nivel intestinal, además de grasas insaturadas.

📍 El aceite de oliva es fuente de ácido oleico, que disminuye el colesterol plasmático.

BIZCOCHO DE CAFÉ Y NUECES

INGREDIENTES

100 g de azúcar

1 huevo entero y una clara de huevo

25 g de café soluble descafeinado

2 cucharadas de *brandy*

75 g de nueces

75 g de harina de trigo

40 g de harina de avena

1 sobre de levadura

4 cucharadas de aceite de oliva

ELABORACIÓN

- Mezclamos el azúcar, el aceite, el café soluble, el *brandy* y la yema de huevo hasta que quede como una pasta.
- Añadimos la harina de trigo y de avena y las nueces picadas. Si queda muy espeso, añadimos un poco de leche desnatada.
- Añadimos la levadura y lo tapamos.
- Montamos las claras a punto de nieve.
- Precalentamos el horno a 200 ºC.
- Añadimos las claras a la mezcla y la vertemos en un molde redondo.
- Lo horneamos unos 20-25 minutos bajando la potencia lentamente.
- Una vez desmoldado, podemos adornarlo con mitades de nueces y un poco de azúcar glas.

IDEAS PRÁCTICAS

* Una adaptación del bizcocho tradicional para hacerlo más apto para personas con colesterol alto:

– Sustituimos una parte de la harina de trigo por harina de avena, rica en ácidos grasos insaturados y fitosteroles.

– Utilizamos el aceite de oliva, rico en ácido oleico, como grasa de adición.

– Utilizamos café descafeinado para no añadir cafeína a la receta.

SABER MÁS

⚲ Las nueces, aunque son alimentos grasos, contienen en su composición ácidos grasos poliinsaturados del tipo omega-3, con efectos cardiosaludables. Éstos disminuyen el nivel de colesterol total en la sangre y reducen la viscosidad de la sangre, reduciendo así el riesgo de trombosis. De toda la gama de frutos secos que hay en el mercado, las nueces son las que concentran mayor cantidad de grasa omega-3, semejante a la del pescado azul. Contienen, además, fitosteroles, que contribuyen a reducir los niveles de colesterol sanguíneo.

BUÑUELOS DE CALABAZA

INGREDIENTES

80 g de harina de trigo

20 g de harina de avena

1 kg de calabaza

150 g de pasas de Corinto

1 sobre de levadura

1 limón

2 cucharadas de azúcar

Azúcar glas

Aceite de oliva virgen

Sal

ELABORACIÓN

- Pelamos y cortamos la calabaza a dados.
- Ponemos las pasas de Corinto en remojo.
- Hervimos la calabaza unos 20 minutos en abundante agua, la escurrimos y la secamos con un trapo limpio para escurrir todo el resto de agua.
- Escurrimos las pasas.
- Mezclamos la calabaza, las pasas, el azúcar, la harina, la levadura y la piel de limón raspada.
- Lo mezclamos bien hasta hacer una pasta.
- La freímos en abundante aceite de oliva a pequeñas cucharadas, formando buñuelos.
- Los escurrimos en papel absorbente y los espolvoreamos con azúcar glas.

IDEAS PRÁCTICAS

* Para minimizar la absorción de grasa a la hora de freír, es importante hacerlo con abundante aceite de oliva que esté muy caliente y dejar secar después en papel absorbente.

SABER MÁS

Q La calabaza es rica en betacarotenos, sustancia de acción antioxidante, al igual que en vitaminas E y C, que neutralizan los radicales libres. De hecho, el consumo frecuente de calabaza contribuye a reducir el riesgo de enfermedades cardiovasculares.

Q Las uvas pasas son fuente excelente de provitamina A (betacaroteno). La vitamina C, en mayor cantidad en la fruta fresca, se pierde durante el desecado. Constituyen una fuente por excelencia de fibra soluble e insoluble, lo que les confiere propiedades saludables. Abunda en su composición la fibra soluble, que tiene capacidad de formar geles viscosos que fijan la grasa y el colesterol, con lo que disminuye la absorción de dichas sustancias en el intestino. Contienen resveratrol, un antioxidante presente en la piel de las uvas rojas y negras.

Q La avena es un alimento muy adecuado para reducir los niveles de colesterol por su riqueza en fibra y en esteroles.

PASTEL DE FRAMBUESA

INGREDIENTES

80 g de harina de trigo

20 g de harina de avena

3 cucharadas de aceite de oliva

6 claras de huevo

150 g de azúcar glas

150 g de azúcar

150 g de almendras en polvo

500 g de frambuesas

Sal

ELABORACIÓN

- Mezclamos las harinas, los azúcares y las almendras en polvo.
- Montamos las claras a punto de nieve con un poco de sal.
- Añadimos a la mezcla el aceite de oliva y las claras montadas. Lo mezclamos.
- Limpiamos las frambuesas y separamos unos 200 g.
- En un molde, disponemos la mitad de la masa, hacemos una capa de frambuesas y acabamos de llenar el molde con el resto de la masa.
- Lo horneamos media hora a 180 ºC.
- Trituramos las frambuesas que hemos dejado aparte hasta hacer un puré.
- Desmoldamos el pastel y lo cubrimos con el puré de frambuesas.

IDEAS PRÁCTICAS

* Podemos hacerlo en moldes individuales. Quedará como galletas grandes de frambuesa.
* La misma receta puede elaborarse con otras frutas: arándanos, fresas, moras, mango, etc.
* Si sustituimos la mitad del azúcar por edulcorante, disminuiremos el aporte calórico del plato.

SABER MÁS

- La harina de avena tiene avenasterol, que disminuye la absorción del colesterol a nivel intestinal.

- Las claras de huevo no contienen colesterol ni grasa y pueden consumirse libremente en una dieta hipocolesterolemiante.

- Las almendras son ricas en fibra y ácidos grasos insaturados de la familia omega-6.

- La frambuesa aporta una cantidad importante de fibra, que "secuestra" el colesterol de la dieta y dificulta su absorción. Constituye una buena fuente de vitamina C, ácido cítrico y ácido elágico y flavonoides, con importante función antioxidante.

TEJAS DE CHOCOLATE

INGREDIENTES

180 g de almendras cortadas a láminas

100 g de azúcar avainillado

40 g de harina

3 claras de huevo

1 cucharada sopera de chocolate negro rallado

1 cucharadita de ron

3 cucharadas de aceite de oliva

30 g de mantequilla

ELABORACIÓN

- Mezclamos la mantequilla y el aceite de oliva y lo trabajamos hasta hacer una pomada.
- Incorporamos el azúcar batiendo.
- Seguimos batiendo e incorporamos las claras de huevo una a una, la harina, el chocolate negro, 100 g de almendras y el ron.
- Distribuimos la pasta a cucharadas sobre una placa de horno forrada de papel especial para horno. Aplanamos los montoncitos de pasta con un tenedor húmedo.
- Los espolvoreamos con el resto de almendras.
- Los horneamos a 220 ºC durante 5 minutos hasta que se doren.
- Desenganchamos las láminas con una espátula flexible y les pasamos una botella por encima para darles forma de teja antes de que se enfríen.

IDEAS PRÁCTICAS

* Si las guardamos en un recipiente seco, se conservan mucho tiempo.
* Ideales para meriendas o tentempiés improvisados.
* Son calóricas y debemos moderar su consumo, especialmente si existe sobrepeso.

SABER MÁS

- Las almendras son ricas en ácidos grasos insaturados y fibra, que disminuye la absorción del colesterol de los alimentos.

- La mantequilla es muy rica en grasas saturadas. En esta receta se ha sustituido la mitad de la dosis necesaria por aceite de oliva, rico en ácido oleico, monoinsaturado.

- Las claras de huevo no contienen colesterol ni grasa y su consumo es libre en dietas para reducir el colesterol.

- El chocolate negro contiene flavonoides, concretamente epicate-quina. Ésta actúa como antioxidante a nivel de vasos sanguíneos y previene la formación de placa de ateroma, además de tener efectos antiagregantes plaquetarios.

13 GLOSARIO

▶ AGREGACIÓN PLAQUETARIA

Es un fenómeno que forma parte del proceso de coagulación, mediante el cual las plaquetas tienden a unirse entre ellas para reparar un tejido formando el inició del coágulo. Las plaquetas se adhieren entre ellas y se adhesionan formando una "barrera" ante diferentes estímulos.

El coágulo sanguíneo es sólo una solución temporal para detener la hemorragia; la reparación del vaso debe ocurrir después. La agregación plaquetaria ayuda en este proceso mediante la secreción de sustancias químicas que promueven la invasión de fibroblastos en el interior de la herida para formar una costra.

▶ ANTIAGREGANTE PLAQUETARIO

Un antiagregante plaquetario es una sustancia o un fármaco cuyo principal efecto es inhibir la agregación de las plaquetas y, por lo tanto, la formación de trombos o coágulos en el interior de las arterias y venas.

▶ ANTIOXIDANTES

Los radicales libres son moléculas reactivas que pueden causar daño en nuestras células provocando diferentes patologías, como enfermedades cardiovasculares, cáncer o enfermedades degenerativas como el Alzheimer. Se producen continuamente en el organismo debido al metabolismo de las células. El organismo se defiende de los radicales libres con los antioxidantes. Existen antioxidantes endógenos, que se producen en el propio organismo, y antioxidantes exógenos, proporcionados por lo alimentos: son vitaminas, minerales, carotenoides y polifenoles. Existen alimentos con un alto contenido en antioxidantes: las frutas y las verduras, los cereales, los frutos secos, el aceite de oliva y el vino tinto.

Los principales antioxidantes son la vitamina C, la vitamina E, los carotenoides (alfa y betacarotenos, criptoxantina, zeaxantina, licopeno) y los compuestos fitoquímicos (flavonoides, catequinas, hidroxitirosol, oleuropeína, resveratrol, quercetina).

▶ APOPROTEÍNAS

Son proteínas específicas que forman parte de las lipoproteínas, formando parte de su envoltura junto a sustancias lipídicas (fosfolípidos). Esta envoltura engloba el núcleo de la lipoproteína, cargado de triglicéridos y/o colesterol. Existen diferentes tipos de apoproteínas. Son las responsables de unirse a determinados receptores de las células para que las lipoproteínas sean captadas por éstas, por lo que tienen un papel fundamental en el metabolismo lipídico. Los receptores de lipoproteínas de la célula pueden así identificar los diferentes tipos de lipoproteínas y dirigir y controlar su metabolismo. El prefijo *apo-* de la palabra *apolipoproteína* se debe a que es la parte fundamental y proteica de las lipoproteínas.

▶ ARTERIAS CORONARIAS

Se llaman *arterias coronarias* las arterias que irrigan el miocardio o músculo del corazón. Se originan en la válvula aórtica del corazón, que regula el flujo de sangre del ventrículo izquierdo hacia la aorta. Son dos: la arteria coronaria derecha y la arteria coronaria izquierda. Son responsables de proporcionar "alimento" y oxígeno a las células del corazón.

▶ ARTERIOSCLEROSIS

Es un proceso que se caracteriza por el acúmulo de grasa en las paredes de las arterias, provocando una reacción inflamatoria y una alteración de estas paredes, que van produciendo estrechamientos de la luz de la arteria. Los engrosamientos concretos son las llamadas *placas de ateroma*.

▶ ENFERMEDAD CARDIOVASCULAR

El término *enfermedades cardiovasculares* es usado para referirse a todo tipo de enfermedades relacionadas con el corazón o los vasos sanguíneos (arterias y venas). Sin embargo, es utilizado comúnmente para referirse a enfermedades relacionadas con la arteriosclerosis: aneurisma, angina de pecho, arteriosclerosis, accidente cerebrovascular (apoplejía), enfermedades cerebrovasculares, insuficiencia cardíaca congestiva, enfermedad de la arteria coronaria, infarto agudo de miocardio (ataque de corazón), enfermedad vascular periférica y accidentes cerebrovasculares.

▶ FACTORES DE RIESGO

En epidemiología, un factor de riesgo es toda circunstancia o situación que aumenta las probabilidades de una persona de contraer una enfermedad o cualquier otro problema de salud. Son aquellas características y atributos que se presentan asociados diversamente con la enfermedad o el evento estudiado. Los factores de riesgo no son necesariamente las causas, sólo sucede que están asociadas con el evento. Como constituyen una probabilidad medible, tienen valor predictivo y pueden usarse con ventajas tanto en prevención individual como de la comunidad.

▶ FITOSTEROLES

Llamados también *esteroles vegetales*. Se hallan en aceites vegetales, legumbres, frutos secos y verduras. Tienen efecto hipolipemiante y reducen el colesterol-LDL por disminución de la absorción intestinal de colesterol. En el mercado existen productos enriquecidos con esteroles vegetales.

▶ GRASAS HIDROGENADAS

Los ácidos grasos insaturados, caracterizados por ser líquidos a temperatura ambiente, se caracterizan por tener uno o más dobles enlaces en su cadena. Estos dobles enlaces pueden abrirse y fijar el oxígeno o el hidrógeno. Si fijan el hidrógeno, normalmente en presencia de un catalizador, estos ácidos grasos se saturan progresivamente: decimos que se hidrogenan y pasan a ser grasas hidrogenadas. Externamente se solidifican. De esta forma se obtienen diferentes margarinas. La mayor parte de las grasas vegetales de los productos y alimentos preparados y *snacks* han sido hidrogenadas. Estas grasas insaturadas hidrogenadas pierden sus propiedades beneficiosas para la salud.

▶ GRASAS TRANS

Son grasas que se derivan principalmente de la hidrogenación de aceites vegetales. Están presentes en productos de bollería industrial, productos precocinados y margarinas. La ingesta de estas grasas se asocia con un mayor riesgo de enfermedad coronaria.

▶ ISQUEMIA

En medicina, se denomina *isquemia* (del griego *ísjein*, 'detener', y *aíma*, 'sangre') el sufrimiento celular causado por la disminución transitoria o permanente del riego sanguíneo, la consiguiente disminución del aporte de oxígeno y nutrientes y la eliminación de productos del metabolismo de un tejido biológico. Este sufrimiento celular puede ser suficientemente intenso para causar la muerte celular y del tejido al que pertenece.

Si la isquemia es muy grave, puede llegar a la anoxia, lo que implica que los tejidos de esa región no podrán contar con la energía necesaria para sobrevivir. De esta manera, el tejido muere. Cada tejido tiene un nivel diferente de tolerancia a la falta de oxígeno.

▶ LDL OXIDADAS

Son lipoproteínas de baja densidad (LDL), transportadoras de "colesterol malo", que se oxidan fácilmente por acción de los radicales libres. Éstas son "captadas" por los macrófagos, que se transforman en células espumosas y se depositan en la pared de las arterias formando, junto a otros elementos, la placa de ateroma.

▶ LIPOPROTEÍNAS

Las lipoproteínas son complejos macromoleculares compuestos por proteínas y lípidos que transportan las grasas por todo el organismo. Son esféricas, hidrosolubles, formadas por un núcleo de lípidos (colesterol y triglicéridos) cubierto por una capa externa polar formada a su vez por apoproteínas, fosfolípidos y colesterol libre.

Su función es necesaria, ya que las grasas no se pueden disolver en un medio acuoso, son hidrofóbicas por su naturaleza apolar. Por eso necesitan proteínas que las recubran, para dejar expuesta sólo la parte polar de dicha proteína y que de esta manera se pueda disolver la grasa en el plasma.

Las lipoproteínas se clasifican en diferentes grupos según su densidad. A mayor densidad y diámetro, mayor contenido en proteínas: quilomicrones, lipoproteínas de muy baja densidad (VLDL), lipoproteínas de densidad intermedia (IDL), lipoproteínas de baja densidad (LDL), lipoproteínas de alta densidad (HDL).

▶ OXIDACIÓN DE LAS GRASAS

Cuando los dobles enlaces de las grasas insaturadas se rompen y fijan oxígeno, decimos que se oxidan. Pasa más fácilmente en presencia de oxígeno, bajo la acción de los ultravioletas de la luz o a temperatura elevada. En los alimentos, éstos se vuelven rancios, adquiriendo un olor y un sabor característico. En el cuerpo humano, las grasas oxidadas pierden parte de sus propiedades y producen el envejecimiento de las células. Los antioxidantes controlan y limitan esta oxidación.

▶ PLACA DE ATEROMA

Las placas de ateroma son lesiones concretas que se inician en la pared de una arteria. Están formadas por un núcleo central blando, grumoso y amarillento formado por colesterol y cubierto por una capa fibrosa. Normalmente sólo se presentan ocupando una parte de la circunferencia de la pared arterial, en forma de parches, y van aumentando en número a medida que la enfermedad avanza. En fases más avanzadas, la placa de ateroma se calcifica.

Puede evolucionar de distinta manera: se puede producir la ruptura de la placa, su ulceración o erosión, y generar la aparición de un trombo, que bloquea el vaso situado por delante de la zona de la placa; también se puede producir una hemorragia en el interior de la placa y favorecer su ruptura.

▶ PLASMA

El plasma es la fracción líquida y acelular de la sangre, es decir, se obtiene al dejar la sangre desprovista de células como los glóbulos rojos y los glóbulos blancos. Está compuesto por un 90% de agua, un 7% de proteínas, y el 3% restante de otras sustancias. Es el componente mayoritario de la sangre, representa aproximadamente el 55% del volumen sanguíneo total, mientras que el 45% restante corresponde a los glóbulos rojos, los glóbulos blancos y las plaquetas. El suero es el remanente del plasma sanguíneo una vez consumidos los factores hemostáticos por la coagulación de la sangre.

▶ POLIFENOLES

Los polifenoles son un grupo de sustancias químicas, que se encuentran en los vegetales, caracterizadas por la presencia de más de un grupo fenol por molécula.

Las principales fuentes de polifenoles son bayas, té, cerveza, uvas/vino, aceite de oliva, chocolate/cacao, nueces, maníes, granadas, yerba mate y otras frutas y vegetales.

Se cree que en el cuerpo humano estos compuestos fermentan activados por las bacterias que habitan en nuestro sistema digestivo, creando metabolitos que pueden ser beneficiosos, por ejemplo, por su actividad antioxidante.

▶ PROAGREGANTE PLAQUETARIO

Es una sustancia cuyo principal efecto es favorecer la agregación de las plaquetas y, por lo tanto, la formación de trombos o coágulos en el interior de las arterias y venas.

▶ PROSTAGLANDINAS

Las prostaglandinas son un conjunto de sustancias de carácter lipídico derivadas de los ácidos grasos. Tienen una función de mediadores celulares, con efectos diversos, a menudo contrapuestos.

Las prostaglandinas deben ejercer su efecto sobre las células de origen y las adyacentes, actuando como hormonas. Sus acciones son múltiples y se pueden resumir en cinco puntos:

1. Intervienen en la respuesta inflamatoria: vasodilatación, aumento de la permeabilidad de los tejidos permitiendo el paso de los leucocitos, antiagregación plaquetaria, estímulo de las terminaciones nerviosas del dolor, etc.
2. Aumentan la secreción de mucus gástrico y disminuyen la secreción de ácido gástrico.
3. Provocan la contracción de la musculatura lisa. Esto es especialmente importante en la del útero de la mujer.
4. Intervienen en la regulación de la temperatura corporal.
5. Controlan el descenso de la presión arterial al favorecer la eliminación de sustancias en el riñón.

▶ TRIGLICÉRIDOS

Constituyen la forma química principal de almacenamiento de las grasas, tanto en los alimentos como en el organismo humano. Están formados por la asociación de una molécula de glicerol y tres ácidos grasos. Es recomendable que sus niveles en sangre se mantengan dentro de unos límites determinados. Cuando se superan estos límites, hablamos de hipertrigliceridemia.

▶ TROMBOGÉNESIS

Son una serie de mecanismos mediante los cuales tiene lugar la formación de un trombo en la circulación sanguínea. Está formado por una serie de reacciones en cadena en las cuales intervienen múltiples factores.

▶ TROMBOXANO

El tromboxano es un eicosanoide derivado del ácido araquidónico. Sólo es producido por las membranas de las plaquetas y contribuye a la agregación plaquetaria, por medio de su activación. Actúa como un potente agregante plaquetario y vasoconstrictor. Su principal función biológica es participar en la hemostasia, es decir, en los procesos de coagulación y agregación plaquetaria.

ÍNDICE